不要讓任何人阻止你追逐夢想，包含你自己

自序

對美好生活的期待，值得你對自己嚴格一點

《奇葩說》裡有一期的討論話題是「三十歲時應該追求夢想，還是穩定工作。」這的確是一個值得玩味的題目。在許多人眼中，三十而立，三十歲不就應該是什麼都「穩定」下來的嗎？穩定的工作、穩定的戀情或家庭以及每天幾乎毫無波瀾的生活模式……平順穩當。

然而，我的三十歲卻恰恰相反。這一年，許多變化顛覆了原本的生活狀態。研究生畢業、結束了多年的戀情、重返職場、創業……

對我而言，無論內在與外在，三十歲都像是一個變革期。相信命運在此之前，已為我做好種種鋪墊。原生家庭、所受的教育、看過的書、行過的路、遇見過的

人，塑造了我的性格和觀念，它們讓我在面臨某些選擇時做出適合自己的決定。

人的一生很長，關鍵點就像道路分岔口，不同的選擇，使我們踏上不同的路途，而這些不同的路途，又影響我們做出新的選擇。每一次發生變革，看似意外，卻都在情理之中。不要讓境遇決定了我們，而是要面對它們，我們所做的每個選擇，決定了我們是誰，將去向何方。

自律是一種選擇，也是一種決定，當你決定開始自律時，你的人生也會從此不同。

人們常說，三十歲時是女孩和女人的共存體，可愛又性感，臉上尚有一些稚氣，眼神裡卻多了些許故事。女孩到了三十歲，彷彿一夕之間走向成熟，恍然意識到，原來你曾經看到過、聽到過的那些道理都有某種正確性。

智者歸納的人生哲理，年輕人往往要自己經歷過，才會品味到箇中深意。那些一針見血的話，正是從我們經歷的錯處與疼痛中得來的睿智與務實。

生活需要自律力，職場、愛情、家庭……各方面，唯有自律，終得自由。如果你想過自己想要的生活，自律是你一定要堅持錘鍊的心性。放縱可以帶來短暫的快感，但人生終究是一場馬拉松，短暫不能持久，而自律帶給你的喜悅與成就，經歷歲月，歷久彌香。

行走在人生路上，或許最重要的不是終點，而是沿途的風景本身。路過即滿足，然後繼續走。那些風景無法分享，只屬於自己，不論是美好的，還是糟糕的。這也是成年人的世界，無奈、遺憾、不完滿，人生本就如此。

我們生活在一個科技、經濟迅速發展的時代，電商、共用經濟、AI（人工智慧）、VR（虛擬實境）、區塊鏈等高新科技改變了原有的生活方式。從前，一份工作做幾十年，現在跳槽是家常便飯，人人都是斜槓青年。工作日的咖啡廳儼然變成聯合辦公空間，空氣中飄蕩著「模式」、「賽道」、「拋棄同齡人」一類的高談闊論，張口就是「幾個億的生意」。

資訊全球化，人們接收的資訊越來越多元。我們對人對事的接納程度越來越高，大環境在變，新的觀念衝擊著傳統的觀念，與舊已有的觀念相互碰撞，又催生出更新的觀念。在出新不斷的時代，我們到底要過一個傳統意義上的美好人生，還是過一個「自己想要」的人生？

我們如今面對的就是如此多元、如此多變的世界，腦海中的想像，現實中的世界，整日碰撞、沖刷、洗禮著每個人。我依然相信自律、堅持自律。邏輯決定態度，態度影響行為，成功是一種結果，而自律是要求自己去做些什麼來獲得這個結果。我的日子算不上世人眼中的「穩定」，也有很多負面的聲音，但是儘管逆風，卻依然優雅。

他人眼裡的幸福穩定和自己內心的喜悅堅守，哪一個更重要？一切選擇，終究要歸於自己。我只想提供一個看風景的角度，如果你相信自律的力量，或許能走得更輕鬆，看得到更多美好的風景。將這本書送給在這時代與我同感的你。

目次

Chapter 3

自律之路是痛並快樂著

Chapter 4

將積極的行為轉變成習慣

Chapter

1

你不是迷茫，只是自控力不強

當懶散成了習慣，放棄成了常態，你只會越來越痛苦，越來越討厭這樣的自己。當無力感慢慢吞噬內心，最後只會變得空虛、麻木、自卑和敏感。請相信，現在付出的每一分努力，都會變成未來命運給你的禮物。與其白話空想一千次，不如好好踏實做一次。

所有的「做不到」，其實只是不夠想做

此次赴法留學的幾大目的之一是找一個商業點子，沒想到老天附贈給了我一份極佳的禮物，一位優秀而契合的搭檔。我見到她的時候說：「如果我們來巴黎只做交換生，也只是上課、旅遊、聚會，過半年回去，而不做點什麼，那我們和別人還有什麼區別？」這句話打動了她。

這要從一次去西班牙的旅行說起。當時同行的有三個女生，藝丹、玫和我，其實我的加入是個偶然，她們早已做好了所有的規劃。臨行前一個星期，她們課間聊天時說起大家的旅行計畫，問我想不想一起，我正好還沒去過西班牙，又懶得自己做攻略，便欣然加入。

我們先是一起去了巴賽隆納，都說那是最不像西班牙的地方，卻是西班牙我最喜歡的一個地方。領略高迪設計的建築—米拉之家、巴特羅之家，在畢卡索博物館賞畫，在蘭布拉大道、Verdi 步行街邁著輕快的腳步，呼吸著、感受著仿佛被藝術滲透過的空氣，以及像極了電影裡的陽光海岸、慢調生活，人們躺在沙灘上，享受著日光浴……

然後我們去了塞維利亞，吃著冰淇淋，看著教堂附近廣場上的街頭藝人跳 Flamenco（弗朗明哥舞）。夜晚進入一家小酒館，內飾古樸，斑駁的白牆邊靠著一台立式鋼琴。酒館裡的舞蹈表演還沒開始，藝丹在鋼琴前坐下，為我和玫彈了一曲《蟲兒飛》。壁爐、音樂、友誼……那感覺很特別。

看完演出，一位獨自旅行的女同學加入了我們的小酌。她下午才到塞維利亞。街邊的咖啡廳情調都不錯，我們四個點了瓶 Sangria（桑格利亞汽酒，算是西班牙的國酒），邊喝邊聊—八卦。當然不是別人的八卦，而是各自的生活。這種聊天形式會減少心理設防，觸發分享的欲望。新加入的女生顯然「透露」了她自己太多的私事，這顯示她是一位很期待「收集大家目光」的人，也表明她其實是個單純的人。

之後又到了馬德里。在那裡我第一次遭遇了如此明目張膽的扒手。我和藝丹在前面邊聊邊走，突然我的側背包像被什麼東西拉扯了下，我以為是包包沒扣好，想讓走在後面的玫再幫我扣好。剛轉頭，看到的居然是三個外國女人，身材很高大，舉止似「太妹」。我轉身的一剎那，其中一個的手還在我側背包裡。我與她尷尬地對視了一秒，說：「別走，讓我檢查一下」。看見護照和銀行卡還在，我舒了一口氣（幸好當時剛到馬德里，還沒去 ATM 機取現金），然後笑著對她們說：「我很慶幸身上沒錢。」三個外國女人聽了就掉頭走開，也許是知道我正看著她們的背影，走了幾步後她們轉身對我比了個中指……

那次三個小女生的異國旅行，是非常難得的經歷，應該說我之前的人生好像還沒有過那樣的體驗。三個人從不熟悉到熟悉，從一開始的陌生到後來的相互信任，十天的旅行雖然短，但感情升溫快速。記得當時我們要從塞維利亞到馬德里的時候，原本訂的車臨時被取消，實在是訂不到票了，最終選擇用 BlaBlaCar。

藝丹真的是一個大膽的北京姑娘，她的口頭禪就是「沒事兒」，她一說「沒事兒」就讓我安心。當時來載我們的司機，一路上都在跟我們聊他去過哪些國家的妓院，分別是什麼價錢，聽得我們有點膽戰心驚，尤其是車程那麼長。不過他其實真的只是愛聊天，也真的只是坦率地在聊他喜歡的話題而已，沒有其他更多的意思。我們三個人輪流坐副駕駛陪他聊天，避免他因長途駕駛而疲勞瞌睡，另外兩個人也可以在後座稍微睡一會兒。最後我們安全到達了馬德里，下車後，我覺得這個體驗也很有趣。

朝著人性擬定思路

住在馬德里的晚上，我和藝丹同一張床，開始了女孩們的夜聊。她在美國常青藤聯盟中的 Cornell University 讀人力資源碩士，出國前長居北京，一口濃濃的京腔兒，雙魚座，過去在一家國企做 HR。她是個有夢想並且敢追夢的人，就拿她赴美讀研來說，準備學校申請材料的時候，她剛生完孩子。那段時間，她要邊照顧小孩邊備考 GMAT（經企管理研究生入學考試），真不是常人能堅持的。我一直稱她為「超級媽媽」。那晚臥談，我問她以後如何打算，她回答：「我以後肯定是要自己幹的。」

下一站是里斯本。從馬德里到里斯本，我是後來才訂的票，無法與藝丹和玫同一班飛機，她們清晨七點就出發，我是晚上出發，我因此多出了大半天一個人的時光。在馬德里也玩得差不多了，於是臨時起意，自己坐了火車，去往距離馬德里四十五分鐘車程的一個小鎮叫 Toledo。

Toledo 鎮很小，一個人漫步在各條小巷，不到半天時間，已來來回回走了三圈，鎮上的人淳樸且友好。其實往往大的城市，如馬德里、里斯本或是巴黎這樣的遊客集中區，治安並不那麼好，但像這種遊客和外來移民並不多的小鎮卻還保留著當地原本的味道。突如其來的雨滴從 Toledo 鎮的上空落下，落在我的頭上。無暇找地方躲雨，思緒隨著雨水的節奏越發忙碌，我思考著情感、學業和職業規劃。眼看留學的時間已經過了三分之一，可是我的商業靈感還毫無頭緒。

此時，一滴雨正好落在額頭，順著臉往下流。它像是帶著某種神奇的力量開啟了靈感，我突然想到，這兩年泛娛樂、泛內容好像很火。記得前幾天在巴賽隆納、塞維利亞和馬德里旅行時，不同批次來西班牙的女生總會在某一個街邊的餐廳會合，吃著當地美食、喝著紅酒、聊八卦。

我發現聊八卦真的是女人們聚在一起最有效的放鬆方式，比如透過給一些明星的顏值打分，判斷我們哪些人的審美比較一致，比如交流對一些事情的觀念和做法……連像我這樣平時不熱衷八卦的人，居然也覺得當自身有煩心事的時候，喝酒聽八卦可以讓人把思緒的焦點從自己身上移開，短暫地忘記煩惱，這大概是種紓壓吧。

但這過程中我確實主要扮演「問」和「聽」的角色，可能是太過保護自己，對別人的事其實從根本上並不關心的關係，八卦除了當下使我從真實的、與我密切相關的世界中脫離出來，達到放鬆的目的外，真沒有什麼其他作用，聽過就到我這裡為止了。

所以推己及彼，八卦就是內容經濟的一棵常青樹，人們或光明或暗地裡看著八卦、聽著八卦、聊著八卦。其實消費八卦也是泛娛樂的一種。現在許多真人秀節目那麼受歡迎，正是因為普通人喜歡看到明星們接地氣的一面，所以，我為什麼不召集一批名校的高學歷女生坐在巴黎街頭喝著下午茶，直播聊八卦呢？

有了想法還需要團隊，我腦海中蹦出了一個人：藝丹，以及她那句「我以後肯定是要自己幹的」篤定語氣。想到我們倆迥異的口音以及不同程度和形式的毒舌，邀請她加入這個念頭讓我興奮不已，頓時感覺 Toledo 鎮的雨都下得那麼輕盈。

晚上，我在里斯本和藝丹及玫會合，跟她說了我的想法。她聽了之後說：「你既能做幕前又能做幕後，無論是創意、決策力還是執行力都沒話說，完全可以做一番大事業。」想不到她對我也欣賞已久。她總是這樣，乾乾脆脆的話語，每每給我底氣。其實遇到她之前，我和很多人一樣，覺得自己適合創業，但一想到真的要獨立面對漫長創業路上的辛酸苦辣，還是勇氣不足，這個問題是很多喊著要創業的人的通病。

行動是成功的起點

我有一位女性朋友，曾擔任一家外企事業群的總經理，後來跳槽到朋友手下管理一個專案。她那朋友屬於「索取型」人格，付的工資是友情價，讓她處理事情的繁雜和細碎程度可以說是「絕情」。這樣的合作自然不長久，半年以後她裸辭，考慮到年紀和自我期待，覺得上班不適合她，便決定創業。幾個月以後，我再見她，問她進展如何，她說還不確定要做什麼，有人聯繫她想讓她在上海建立俱樂部，也有人聯繫她想讓她推廣一種健康黑米……

一次她來辦公室找我，我拉她坐下，坦率地跟她說：「不要為了創業而創業。首先要知道自己適合什麼，你有很多錢可以去幫別人打品牌嗎？如果沒有，先把那幾個讓你去推銷分紅的項目排除掉。黑米是食品，你從未涉及過食品業，連通路都無從下手。如果你有充分的心態創業，我不攔你，如果沒有，就算我不阻止你，你也踏不出真正開展的那一步。你想用最少的投入創造一番自己的事業，誰不想啊？一個月前和 Belinda 姐的那個飯局，我是特地找妳一起去。她想辦一個雅學院，收入來自文化類活動，一來符合你的氣質，二來幾乎不需要你投入什麼資金，三是變現很及時，而且你的試錯成本很小，積累的資源和經驗也會變成你自己的。按理來說，飯局中的這些人都有自己的資源，可想創業的是你啊。當一個合適的、具備基礎展開條件的、合夥人可靠的項目出現，大家又都願意從自己的資源裡實實在在地分出東西支持你，你應該主動擔起來才是。結果 Belinda 姐後來跟你聯繫，你都沒怎麼理她，那條線你便掉了。如果一直只是停留在想創業這個念頭上，很快一年就過去了……」

說這些話，是因為我知道那種狀態，從想要創業，到真正開始創業，是零到一的跨步，要克服某些內心深處的不獨立，要做好策略規劃、切入順序、團隊建設、業務拓展、思考並溝通幾百個執行細節，克服許許多多的困難……實在不容易。「創業」兩個字根本不像新聞報導中如同雪花般飄來的融資訊息那般容易，太多人把這件事想得太簡單了，於是有了「我今天上班不爽，明天要開始創業了」

人人都渴望夢想成真，但通往夢想的道路往往是平凡的堆疊。

的幼稚想法和宣言。

毛姆的《月亮與六便士》裡有句話：「只有詩人同聖徒才會堅信，在瀝青路面上辛勤澆水會培植出百合花來。」這在某種程度上道出了創業者的堅定與執著。

如果沒有藝丹，沒有攜手共進的信心，我心裡的踏實感會少很多。儘管後來我們因想實現的目標不同，選擇了各自喜歡的項目創業，但誰能說清未來的事呢，也許機緣又會讓我們走到一起。

我們繼續著在里斯本的行程，不同的是，我們多了個話題：專案視頻要不要做？

前一天在一家餐廳被宰，點菜時店員用不清晰的口音故意讓我們將十七歐聽成七十歐買單時才發覺，但這依然沒有影響我們玩耍的愉悅心情。第二天，太陽擠走了低壓壓的烏雲，陽光灑下，給里斯本大大加分。廣場上彈著琴的老人淺吟低唱，充滿磁性的嗓音讓人心曠神怡，一下子把人帶入了景色中。

在亞歐大陸最西邊的小鎮 Sintra，我們三人坐著馬車，可愛的駕車老先生年輕時肯定是個特別浪漫的小夥，他突然下馬，到路邊摘了三朵小花送給我們，這種小驚喜很純粹，竟然讓我想流淚。我們回想起自己青春裡的故事，唱起那些我們青春裡的歌，真的好開心。

藝丹和玫回巴黎以後，我一個人去了趟里斯本的老城區，感受了一下錯落有致的建築以及大西洋的風。相信，到了巴黎的藝丹和還在里斯本的我，腦中仍然在考慮同一個問題：專案視頻要不要做？

我回了巴黎，第二天上課時遇見藝丹，她說：「讓我思考幾天。我突破不了要面對鏡頭這一關，我喜歡幕後。」我們在巴黎慶祝完她的生日，當天晚上，她回答我：「好的。但我們把視頻內容改一下吧，變成採訪好嗎？因為我一年多前就有想要採訪外國人的想法，說不定可以把我們倆的思路整合在一起。」我答應了。

她問該採訪什麼主題呢？我說：「採訪中國人感興趣的、困擾著中國年輕人的話題吧，比如結婚要不要買房、比如留學到底能收穫什麼、比如老闆傻要不要告訴他、比如時間觀念……從生活、愛情、職場、社會等各個方面聽聽各國高學歷老外的看法，說不定能給國內年輕人提供不同的觀念，帶來多元的思考。文化衝突、文化傳播，就算這題目最後無法轉換成商業，本身也是有意義的。至於採訪誰，我們有現成資源啊！ESCP-Europe 以國際化為特色，有那麼多交換生，他們從世界各地的名校彙聚而來，是各國大學裡的意見領袖，採訪他們再好不過。而且如果不是同學，別人要聚集這樣一批人，顏值還都那麼高，可不是容易的。」與藝丹合作這件事就這樣定案了。

藝丹的專業是人力資源，習慣在幕後，不難想像讓她突然跑到鏡頭前大聊八卦會讓她多麼不自在。我的專業是 MBA 企業管理，主攻品牌、策略、行銷方向，所以我們的分工各顯其能，優勢互補。藝丹雖然本身不是個愛拋頭露面的人，但在直播過程中，也終於過了她心裡的那一關，面對鏡頭竟然還能發表對「精神、肉體，哪種出軌更難以接受」這種話題的觀點。

她說我打動她的是兩句話，一句是：「如果我們來巴黎只做交換生，也只是上課、旅遊、聚會，過半年回去，而不做點什麼，那我們和別人還有什麼區別。」另一句就是：「即使年紀大了，有夢想還是要去追，因為它就像魚刺卡在喉嚨，沒辦法忽視。」

決定做專案視頻後，後續工作我們可是爭分奪秒。用英文擬好所有的採訪問題，用郵件提前發給外國同學們以示邀請的誠意。向學校、同學、朋友先後借了三台錄影設備，和大家約定採訪時間……但是，做這些事的同時，我們還不能耽誤任何一堂課，相當於把課餘的時間都填滿了。

忙碌的過程中，越來越多的同學知道了我們正在做的事，會好奇是怎麼回事，也會關心進度。欣喜的是，在採訪進程大概進行一半的時候，一位優秀的九〇後女生加入了我們，她就是在美國留學七年，熱情、豪爽的北京姑娘 Lois。她是從 University of Wisconsin-Madison（美國威斯康辛大學麥迪森分校）來巴黎的交換生，主修市場行銷和國際貿易，輔修法語。

我到 ESCP（歐洲高等商學院）後，身邊的同學好多都是九〇後，他們的優秀真是讓我由衷佩服，Lois 更是其中的佼佼者，無論是智商還是情商。可能是因為從小一個人在美國生活，需要較早獨立、融入當地的生活和文化之中，對她的人格塑造產成影響，加上她是個對自己有要求的女生，有自己的思想和處世準則，而且努力。整個《巴黎吧哩之老外奇葩說》（我們的創業項目，以下簡稱《巴黎吧哩》）視頻的後期剪輯、製作及特效，基本都由她一人完成。好多九〇後，真的不像大家以為的那樣，是外強中乾的草莓族。相反的他們很聰明，知道自己想要什麼，對於喜歡的事情，他們是非常刻苦和努力的。比如 Lois，多少個夜晚都是熬到淩晨四、五點鐘也要把視頻做完。雖然辛苦，但一起奮戰做一件有意義的事情，她覺得值得。

再比如我弟弟 Achilles，《巴黎吧哩》的字幕是他在藝丹翻譯完以後逐句添加到視頻中的。他在韓國慶熙大學留學，主攻國際經營 MBA，除了忙於本身學業外，他還主動跟家人說不用給生活費，他自己可以賺。有時視頻中的韓國男生英文不好，採訪都以韓文完成，由 Achilles 翻譯。

一個半月的時間，我們的身影在 ESCP 環繞著濃濃的法式建築風情的校園裡穿梭著，採訪了來自二十幾個國家的三十位外國人，完成了這幾乎是不可能完成的任務。有個德國男生叫我 Amazing TongTong，在採訪他時，他還帶了德國和中國國旗拼圖，以示友誼。種種細節讓人暖心。

之後，要錄我和藝丹的《言藝 talk》，作為對每一個話題的一個小結語。我們對於場景的選擇頗傷腦筋，室外太嘈雜，無法達到很好的收音效果，又找不到有魅力的室內環境。直到藝丹在香榭麗舍大街附近找到了一套法式風格的中產風格公寓，被我們一眼相中，就是它了。我們訂了兩個晚上，從早錄到晚，睡一覺，再從早錄到晚……終於，超高效地錄完了全部二十期視頻的《言藝 talk》。片尾的花絮，我們在一個陽光明媚的下午，在埃菲爾鐵塔前的草地上拍攝完成，可以說是很「法國」了。

所以，《巴黎吧哩》團隊不止四位，那三十位外國人每位平均花費了一個小時的時間友情受訪，也應屬於我們團隊的一部分。團隊的好處，就是很累很累的時候，看到大家鬥志昂揚，自己也會充滿鬥志，繼續鞭策自己來一場和時間的賽跑。

說到這裡，我真的很慶幸到歐洲留學，這是一所優秀的學府，自然地，它也吸引了世界各地同樣優秀的名校學生來交換學習，我才能認識像藝丹、Lois 這樣優秀的同學。而那些來自世界各國的人攜帶著不同的文化和教育背景，面對同一個話題給出觀點，無疑是給大家提供了多方位的思考角度。

《巴黎吧哩》是一檔年輕人的節目，視頻的風格活潑、犀利、辛辣，但又不乏深刻的知識與感悟。字幕的風格多用潮流的語言，也很接地氣。就這樣，一場關於《巴黎吧哩》的緣分讓我們的法國留學時光充滿了不尋常的回憶和意義。學校得知後，還發 E-mail 鼓勵了我們，在我們之前，沒有交換生做過類似的事。

幸福感來自我們有情懷以及實現情懷的心願。動力來自不斷實現情懷的能力

和志同道合的夥伴，而我，希望至少做一名內心有追求的作家和文化傳播者。
成功是一種結果，而自律是要求自己去做什麼來獲得這個結果。

知識不是力量，智慧才是

每次打開 QQ 郵箱，登錄頁面的那句話一直能夠吸引我的目光：「你說我是錯的，那你最好證明你是對的。」原版來自邁克爾．傑克遜的一句歌詞：You tell me I'm wrong. Then you'd better prove you're right.

我很幸運，擁有差異非常大的兩類朋友，一類是朝氣蓬勃的九〇後，另一類是介於四十至七十歲的人。這兩類朋友的生活狀態、社會地位和個人成就截然不同，雖然我欣賞他們的著眼點不同，但我對他們的欣賞程度是一樣的。

九〇後、〇〇後自信、大膽，有獨立的思想，不按部就班、不喜歡俗套，很酷、很瀟灑。他們對於需求的表達直白很多：你要什麼就說，你不說我怎麼知道你想要什麼呢？我想要什麼也會直接告訴你，所以你不必去猜我到底想要什麼。

> 自律不僅僅是做自己喜歡的事情，
> 而是即使不喜歡的事情也可以堅持
> 達成目標。

而年長的朋友們，見過許多人，遇到過許多事，經歷過許多曲折。穩重、含蓄，對人對事有洞察力，對局面有掌控能力。與他們對話，不能完全與九〇後們相同，直言不諱未必是最恰當的做法。

從這兩類朋友身上，我都能領略他們不同的特點和優勢，學到東西。這也是我肯定自己的一個方面，即接受不同，接受多元文化。我從不會認為哪一類人是標竿，或者可以成為一種絕對正確的標準。

九〇後、〇〇後無所畏懼，更注重自己的感受：快不快樂？這生活是不是想要的？現在的高離婚率可能在某種程度上反應了一種覺醒，用實際結果修正老一輩逼婚的錯誤。再比如一種消費觀念：喜歡的東西，就算不是奢侈品，只要覺得酷，花費哪怕比購買奢侈品更多的錢，也寧願買心頭好。

關於經驗，我常諮詢一些前輩，他們能理解我所不能理解的事，給出切實可行的建議。一位朋友這樣說：「不用覺得佩服，因為這些都是我們在犯過的錯誤中得到的血淚教訓。很多東西的總結看似精準，實際上，背後是真實所付出過的代價。」

更多的經驗，大概就是前輩相較於年輕一代所擁有的財富。然而，經驗都有用嗎？都是解決困難的利器嗎？並不是。對於不善變通、不懂審時度勢的人來說，經驗可能會導致固執。他們會因某種經驗曾帶來成功，而認為那是好的。

被譽為華爾街教父的本傑明格雷厄姆說：「好主意帶來的麻煩可能比壞主意還多。」畢竟，人們會忘記，好主意也有侷限。好經驗也是這樣，因為時代不同，很多元素都變了。經驗的「固執」還體現在「識人」上。看人第一眼，就覺得自己看穿了這個人的「前世今生」、「九重人格」，用經驗中的標準去判斷新時代、「新物種」的優劣，必定不會客觀！

不自作聰明才真聰明

電視劇《歡樂頌》裡有這樣一幕：安迪和奇點，事業有成的兩個人，在房間裡優越感滿滿地評論著他們的朋友，言語之間像是把自己當作了一個標竿，有錢即有理的價值觀幾乎溢出螢幕。窮朋友在這部電視劇裡的作用就是烘托精英，他們什麼事都搞不定，而這些精英一下子就解決了困擾別人工作和生活的難題，帶著對「套路」的沾沾自喜，任意地干涉朋友們的交友、事業、家庭、觀念……

影視劇內外，都有太多人喜歡站在自己的角度去評判別人。可是你無法瞭解另一個人的全部故事，你看到的只是他呈現出來的一個角度。你怎麼知道自己一定比別人更明智，一定能洞悉全局？沒有人是上帝。你不瞭解別人的個性需求，你的情有獨鍾也許別人不中意，你以為的無足輕重，對別人而言可能至關重要。論風格，那是別人的風格；論人生，那是別人的人生，你無權干涉。

分享一個親身經歷。我曾在某個專案的合作中，遇到一位創業老闆，他過去是一家公司的高級管理人之一。用他自己的話說，他以前性格比較急，脾氣也不好，創業後，因為一些緣故開始吃素，也愛看一些關於佛理的文章。見到我第一眼，得知我來自上海，加上我的穿著打扮及談吐都與其他台灣夥伴不同，於是他貼給我一個「上海女人」標籤。

比起台灣朋友，我的表達直接許多，少了客套地寒暄，在傳統且年長者心中也許顯得不夠尊敬，於是他貼給我第二個標籤「不謙虛」。既然是標籤，就意味著與該標籤相應的形容詞都會伴隨而來：她一定很精明，一定得罪過很多人，大家都不太喜歡她，她沒什麼朋友……

有一次，他、我的搭檔 Wendy 和我，在一家素食餐廳用餐。這家餐廳環境雅致，古色古香。但實際上，全場卻是彌漫著轟隆隆一片聊天聲，幾乎能十分清楚地聽到鄰座扯著嗓子在聊些什麼。我們這桌大概是全場最小聲的，我需要往前湊，把耳朵豎起來，才能聽到創業老闆跟我說的話。

他說：「哎，你們說奇不奇怪，我們公司有個員工，原本個性很強悍，說話非常不客氣，是個上海人，大家都不喜歡她，當然她自己是意識不到的。但現在你們一定想不到，透過參加公司組織的幾場禪修，聽聽佛理、泡泡禪茶，她居然變了，待人處事變溫和了，同事們也願意和她交流了。所以，人確實是可以被感染的，只要我們公司堅持溫暖的文化，傳播善的理念，員工之間互相影響，所有人都會越變越好的。」

接著，他轉頭盯著我看。我回應：「我覺得形式主義不是關鍵，關鍵是本質。」回到住處，Wendy 看著我，欲言又止，仿佛我沒有領會到那位創業老闆的好意「他在點你，你沒聽出來嗎？」

「我怎麼了」我問。Wendy 是台灣人，身材瘦弱、說話細聲細氣、常把善掛在嘴邊，比我大七歲。她總是給我一種很矛盾的感覺，比如她對我說錢不重要，但擇偶標準卻是要找有錢人；比如她總是對客戶表現出一副不經世事的無辜模樣，但心思卻很深。我儘量避免和她聊專案以外的話題，因為她太能說了，一開口能把善和自己的優點說上兩小時。

Wendy 用她一貫溫柔的口音說：「你們上海女人哦。」我不禁笑出聲來，然後繼續發問：「上海女人怎麼了？你對上海女人瞭解多少？他對上海女人瞭解多少？上海女人是一群人還是一個人？還是一個人可以代表一群人？」Wendy 被我問住了。

我繼續說：「首先，他故事中的那位員工我不認識，不便於僅憑短短幾句話就做評判。其次，不同的人有不同的為人處世風格，沒有優劣之分。掛在嘴邊的善叫善，沒有說出來的就不是善嗎？善、謙虛、低調，有沒有標準？如果世間默認只有一種標準，就是你們認定的那一套，那我確實是不謙虛、不低調。你們常說自己在修行，個人愚見，我覺得還有一種修行叫作不在背後定論或者妄議他人。」

兩個月後，我負責的部份任務完成，便回了上海，Wendy 繼續留在那裡完成她的任務。

七個月後，我收到那位創業老闆的一條短信：「童童你好，抱歉打擾。請問你對 Wendy 瞭解嗎？你走後，她對我們的項目不僅沒有做出有價值的任何方案，而且團隊交給她，她居然每天睡到中午才起來，讓大家等她，還動不動給員工擺臉色，要大家哄著她……感覺我花鉅款請了一尊菩薩回來供著。更氣的是，她居然以甲方不給錢為由，拒付設計師的費用，還偷偷買了機票打算溜走！這女人用心之險惡，對利益之貪婪，對別人之不負責任，完全無底線。C總一再給她機會，她卻陽奉陰違，可氣可恨。她沒打算為我們做事，從頭到尾就是行騙，連給設計師的費用都要吃差價……」

偏見是缺乏判斷的意見

我很怕標籤，也總是提醒自己，不要任性地給他人貼標籤。這不但是對他人認知的偏頗，也是對自己做判斷的侷限，對人於己都不公平。

你說我是錯的，那你最好證明你是對的。在為人處世的態度方面，沒有一定的標準，箇中對錯誰也無法定義。所以，我特別害怕那些把自己當作標準的人，動不動就站在道德的制高點去要求他人，這本身就不夠善良、不夠公平。

教導主任就該戴著黑框眼鏡、手拿教鞭？

上海女人就一定精明算計，不好相處？

> 會說話是能力，但懂得不說話才是更高的智慧。

把佛經掛在嘴邊的人一定心善？

我曾在微博上看到一句話：現在人和人之間的矛盾，來自於用聖人的標準衡量別人，用凡人的標準要求自己。初讀不以為意，細想頓覺鞭辟入裡。

我之所以不在乎別人對我的看法，是因為別人看到的我不是真實的我，只是他眼裡的我。螃蟹總覺得身邊其他動物都是斜著走的，卻不知道真正斜著走的，是自己。人所看到的外界，只不過反應了他的格局，天真的人看到世界都無邪，陰險的人看到別人都在耍詐，攀比的人看每個人都是虛榮的。

越長大，「別人眼中的我」越不重要，「我心裡的我」越重要。

你可以謙虛低調，奉行中庸之道，那是你的自由；你要張揚、高調，愛聽讚歌，那也是你的自由。但是，請不要拿你的自由來要求我，讓我不自由。自律的人，都善於管住自己的嘴，不會對任何人、任何事妄加評論。

不占便宜是教養，人情往來是修養

情誼，能讓春天裡的溪水唱起歌，能把大草原的遼闊裝進懷裡。情誼在善良人的心中。有同類，不孤單。有朋友的地方，就是我的靈山。哪怕在摩天大樓裡，也能感受到那首歌詞的意境：「讓我們紅塵做伴活得瀟瀟灑灑，策馬奔騰共用人世繁華，對酒當歌唱出心中喜悅，轟轟烈烈把握青春年華。」也如《西遊記》中言：「念念回首處，即是靈山。」

懂人、懂事、懂規則。懂事的人，漸漸成為朋友；不懂事的人，漸漸斷了聯繫。

我不會因為朋友是律師，就讓人免費幫我擬協議；不會因為朋友是設計師，就讓人免費幫我畫設計圖；不會因為朋友要從哪裡回國，就讓人幫我空出行李箱，帶需要費周章的東西；不會因為哪位朋友是名人，就情感綁架，讓人幫我推薦……就如同我反感以下類似的事一樣：有位遠親對我爸媽說：「童童文筆好，能不能幫我兒子看看作文？」、「童童英文好，能不能教我小孩練口語？」、或者有些朋友對我說：「你是作家，能不能幫我的店寫文案？」、「你有品牌策略行銷經驗，能不能幫我改一下企劃案？」所以，我奉行「不為難別人」。其實，不為難別人也是不為難自己。

很多人說「親兄弟明算帳」傷感情，但現實中說這話的人往往是需要別人「買單」的那位，一旦你哪天需要他幫忙，他賬算得比誰都清。當然，這並不是說朋友之間不該互相幫助，越是朋友，你越要珍惜對方的時間、智慧和付出。今天你需要，他幫了你，你懂得感恩，心裡記著，下一次他有需要時，你也要不忘恩負義。也許他一輩子都不需要你的回報，但不把對方對你的情誼視作理所當然，這就是懂事。

對方能給予你的「方便」，比如專業知識，難道不是他自己花錢、花時間學習而來的嗎？他花二年時間念了商科碩士，為什麼一定要替你草擬計畫書，不幫忙就落下個「有什麼了不起，這點小忙都不肯幫，算什麼朋友」的負面指責？時

“財富不是朋友，而朋友卻是財富。”

間、資源和錢，總是有來有往，我不會占你便宜，你也別占我便宜，我珍視你的付出，我的付出你也別漠視。「人」字一撇一捺，就是相互關聯的，相互付出才會牢固和長久。

其實我相信，我們更願意幫助那些有能力、肯努力、正直、善良、美好、懂事、有責任感的人，他們知感恩，儘管我們不期待他們回報什麼。比如有一天我被各種會議填滿，坐在車後座趕往下一個會議地點的路上，一名大一學生發來微信告訴我，因為答應要給我的畫在電腦裡打不開了，得重畫，為此她焦急得不得了。她這份以小見大的純粹的責任心，讓我突然有了些許的輕快和感動。晚上，她還在認認真真地重畫，每畫完一幅，就問我是否滿意。我當下把全部稿費都付給了她，並安慰她說：「別著急、別熬夜，你畫得非常棒，很優秀。我相信你，稿費你先收下。」

一位學生作曲人和我搭檔做一首歌，我先寫了詞，他根據詞譜曲。作品完成時，我驚嘆他竟有如此才華，便真誠地表示了贊許。因為他還是學生，我便支付了那次歌曲的全部製作費用。一首歌的報酬應該是詞曲作者一人一半，他說要按規矩，等版稅下來，會把一半錢還我。我回答：「沒關係，好好創作，你有很棒的才華，加油。」對待表現優異的人，不要吝嗇讚美。

情商，百科全書定義為「一個人自我情緒管理以及管理他人情緒的能力指數。」如果單看前者，我自覺不屬於「自我情緒管理」極佳的人，但我有一位朋友無疑是這方面的佼佼者，他幾乎不在公開場合顯露情緒和態度。我從商，但也是文人，文人墨客的一些特質也會有。過去在職場，有時還是選擇去做《國王的新衣》裡的小孩，而不會閉著眼睛讓自己成為那些大臣，也因此被「大臣」們嘲笑為「笨」。

不過若是把情商的定義延展開來看，涵蓋自我察覺、自我管理、社交察覺、人際關係管理的能力，好像我也並不是那麼愚蠢。以結果論來說，若是一個人去到哪裡，都能自然地吸引一批能者相隨，憑個人風格即具備影響力和號召力，這樣的人，情商是高是低？

人和人是不同的，即使是朋友，心性也並不相同，對於「承諾、誠意、在乎」的標準也不同。你認為需要嚴格執行的事，你的朋友可能覺得做到八成已經足夠了，這是沒有對錯的。說到底，在情誼層面別太較真，善解人意、體貼大度才好。這也是懂事，是你對一些不太懂事的朋友的懂事。

我有些朋友已經六、七十歲了，彼此很談得來，他們用友誼和我做單純舒服的思想交流。一方面是我與他們的思想有許多相同、相通之處，另一方面是在我身上能看到他們自己年輕時的影子。友誼吸引力大致源於個人特質、三觀相近、舒適自在。精神世界的片刻滿足，有時就是簡簡單單、知己在旁、品茶休息、坐看斜陽。

人常說天下無不散之宴席，不同的朋友，陪你走人生不同的階段。雖然悲傷，但不得不承認，生活就是有時你冷了，別人正好為你披上外套，可最終你得把外套還回去，獨自走自己的路，所以，不必貪戀那一時的溫度。

有人出現在你的生命中，或多或少給你帶來了影響，也許難過，也許喜悅，但已經很值得感恩。若有人飽含情誼，陪你走了幾十年，哪怕遠遠地，但他們見證了你的成長、你的喜怒哀樂，他們就已經是世界給你的禮物。所以，何必要拿世俗的標準去檢驗情誼？

人這一生，從來都是一個人的旅程。往來都是過客，沿途皆是風景。情誼、朋友及風景的組成，缺一不可。

Alone is what I have. Alone protects me.

> **不同的朋友，陪你走人生不同的階段。**

我只有孤獨做伴。孤獨能保護我。——夏洛克

No, friends protect people.

不對，保護我們的是朋友。——華生

堅持自己、接納不同

這一生我們希望找到同類，懂你、明白你，雖奔跑在各自的奮鬥路上，但仍能與你互相鼓勵，更幸運者甚至並肩作戰。

但是在人生觀完全形成之前，實在需要結識更多與自己不一樣的人。聽來自不同文化、成長背景的男人、女人乃至無性別者的故事與想法。看到世界之大，絕不是待在井底抬頭所看到的那一方天空。懂得觀念之豐富，並沒有一定的對錯、應該或者理所當然。

「越多元，越強大」這條規律在美國南加州的一座充滿極客氣質的小小學府—哈威穆德學院（Harvey Mudd College）得到了最好的應用。校長 Maria Klawe 盡可能從一些大型學府吸引女性和少數族裔人才。研究統計顯示，多元程度高的小班教學，讓這所學院的畢業生職業生涯早期和中期的薪酬都高於史丹福大學、賓州大學和哈佛大學的同齡人。

人的變化有時是潛移默化的，有時是猝不及防的。經過的人，經歷的事，喜歡討厭，思想情懷……在人與我原本長大的地方差異較大的法國和台灣學習生活，所聽、所見、所感受，像海水流過我的大腦、我的心臟，然後我意識到，之所以五年多沒有寫書，是因為我寫不出之前的感覺了，寫出的是自己看了覺得尷尬的作品。瞬間明白，我接下去寫的，應該與之前的有很大不同。是文化衝擊與多元價值擴展了思考範圍與深度，讓我有了更大的接受度。

我想寫一本好書，一本幾年後再看仍覺得好的書。許多朋友勸我放棄這個念頭，因為做生意賺的錢比寫一本書多太多，既然我已經出過兩本書，從商業角度來說已經達到目的，何必再花時間雕琢新書，不如專心從商。

其實，「寫一本好書」的目標真的不能隨便立，因為別說幾年後再看，就連幾個月後再改稿，我都想問自己寫的是什麼。但是至少用文字的力量記錄思想、價值觀的初心及實踐初心的過程與毅力，還是值得肯定的。

一位讀者在我的微博留言：「二〇一三年十月，看到寫你的文章，並不是羨慕你完美逆襲，那樣的故事在我那個年紀已經看了很多類似的了，且不屑一顧。

我只是欣賞你那種自信果敢，就像《飄》中的女主角，遇到問題不抱怨，不沮喪，而是立馬去解決。」

我受人影響，別人又受我影響，我不知自己做的哪一件事可能改變了另一個人，我能做的，就是做那些能夠建構我理想中的世界的事。如果我的文字可以給他人帶來一點點力量也是很好的，也是有價值的。每個人對寫書的目的定義不同，有人以此為生，有人以此為樂，我不可能活在別人的定義裡，我的原則就是堅持自己，並接納不同。

二〇一八年初，電影《無問西東》贏得眾人無限的好感，雖然安靜地坐在那兒，卻早已淚流滿面、心潮澎湃。片尾再現的每一位「大家」都讓我景仰。俗世裡生存，不俗的存在，生命的意義，可貴的東西，眾之價值是否為吾之追求，又要拿什麼東西留世？且看我自己，朋友們幾乎清一色地認為我應該在經商這條路上出色，而不該在寫書的途中浪費時間。但我仍然希望從心所欲，自信且無畏。

現代人常常感到無聊，其實是「更高精神滿足感的需求」與「遠遠不足的知識補給」之間的落差。所以，無聊時去讀書、去學習。人生如逆水行舟，不進則退。

寬容意味著尊重、理解，信任和溝通，
但不是放任、縱容或消極的無作為。

做《巴黎吧哩》一系列視頻，我們採訪了來自二十個國家的三十位老外，同樣的話題，他們總能給出截然不同的答案，但都有道理。《奇葩說》也是如此，觀眾被辯手們的論詞動搖，這本身就說明了價值觀的多元存在。多聽多看，才不至於執迷在牛角尖裡，才不至於受不了一點不一樣。

在巴黎，有位朋友問我：「一個北京大學的畢業生，特別愛看書，各種各樣的書，可是三十多歲了還事業平平。你會不會覺得他很不成功？」若是五年前，可能我會這樣認為。但現在我想說「不」。

成功的定義不是單方面的。有些人享受內心的豐盈，只要那是他所喜歡的、感到快樂的，就足夠了。每個人價值觀不同，沒有誰一定比誰優越，沒必要用自己的視角去審視別人的生活。你只要堅持你自己，不要三天打漁兩天曬網，不要只會立目標卻毫無行動力，就足夠了。

包容是因為理解。擁有豐盈的內在，才能真正淡然。彩虹美麗是因為它不止一種顏色，接受多元的存在，是對別人的尊重，是對自己的善意，也是一種更有深度的自由。

分辨「做自己」與「放縱自己」的差別

Gina是一九八二年出生的雙魚座女孩，出過一本關於夢想的書，和同屬雙魚座的藝丹風格大相徑庭。Gina的特點是每時每刻都有許多天花亂墜的點子，勤勞地周旋於許多潛在的合作夥伴之中，跟大家談項目、談合作……但永遠只停留在「談」上。從A那裡瞭解到某個項目，想參與，因為本錢不夠，便找來B合作；再拿從C那裡瞭解到的項目，去找D合作……什麼項目都想做，可是沒有一個有後續。

《原則》一書中有這樣一句話：「明智的人在經歷各種沉浮時，始終盯緊穩健的基本面；而輕浮的人跟著感覺走，做出情緒化的反應，對於熱門的東西一擁而上，不熱的時候又馬上放棄。」這本書被比爾．蓋茨稱為具有非常寶貴的指導和忠告，作者是華爾街投資大神、對沖基金公司橋水創始人—瑞．達利歐。

Gina 有一點是很值得誇讚的，就是願意介紹她的不同合作方相互認識。正因如此，她三個不同專案的合夥人才有了資訊互換的機會。一位合夥人投了幾十萬元在她虛無縹緲的概念創業裡，談起 Gina 時評價為「執行力差」。我稱她為「夢想家」，就是永遠停留在做夢的階段，不懂得快點醒來去實現。

Gina 不明白，為什麼她電話裡找我談的項目，我沒有去聯繫我的朋友加入。我告訴她原因：「你想成功的心我理解，可是你的點鋪得太多了。點多不算壞事，但是你根本無暇顧及那麼多事，到目前為止哪樣都沒有往你的預期發展。專注才能精緻，才能成事。什麼都想做，可什麼都沒真正去落實。你來找我談的每一個專案都空口白話，資料檔一概沒有，我哪裡敢推薦給朋友。人不能因為自己的不靠譜消耗人脈，更不能因為別人的不靠譜消耗自己的人脈。」

說一個《貓頭鷹搬家》的寓言故事：

斑鳩飛過貓頭鷹家的時候，發現貓頭鷹正在收拾東西，它便停下來問：「貓頭鷹大哥，您這是在幹什麼啊？」

「我打算搬家。」貓頭鷹頭也不抬地說。

斑鳩接著問：「那您打算搬到哪兒去啊？」

貓頭鷹說：「我打算搬到東鄉去。」

斑鳩說：「這麼多年來您一直住在西鄉，怎麼突然要搬到東鄉去呢？」

貓頭鷹說：「西鄉的人都很討厭我的叫聲，我沒法住下去了。」

斑鳩說：「貓頭鷹大哥，在我看來，您把叫聲改得好聽一點或者別在夜裡叫就好。不然，不要說搬到東鄉，搬到哪兒都沒有人會喜歡您的叫聲。」

播下一種性格，收穫一種命運

再舉一個實例，有一位元，就是現實中的貓頭鷹，在一個合作案中被人發現不可靠，就換一個城市、換一批人、換一個案子，一樣不可靠。記得他來找我談合作，初步瞭解並且實地考察後，我發現專案本身是個好專案，然而共同圈子裡的人對他本人褒貶不一，讓我始終懸著一顆心。

我對他有許多疑問，有疑問如何？當然謹慎，會設立諸多合作前提、條件、背書，才願意進行下一步。這個談判進行了兩個月，從最初的合作模式到談定的合作模式，對我來說是談得越來越好，最後達成我心裡的「conditionally yes」（有限制的同意）。這是在同意和不同意之間的一種態度，即在滿足某些條件的前提下我才是同意的。

談判過程是場拉鋸戰，信任建立是根基。當我將合作協定擱置時，他表示因我對他缺乏信任而很生氣。我回答：「信任不是別人無條件給你的，信任是互相的。」因為我們是在建立合作關係。後來我分析，他的生氣一方面是焦急地想拉我下水；另一方面是虛張聲勢，企圖推我下水。

以為在人和人之間投機倒把的行為是聰明，其實只是小聰明，一旦被發現，砸掉的是自己的口碑，重頭來過的資本都會賠掉。千萬別小看別人的智商，他們看捉襟見肘的你如小丑一般四處跳躍時，雖對你有些憐惜，但也會覺得都是你自找的。到最後，落得身邊無一人留下，更何談「人脈」二字。口碑的傳播遠比想像中快速得多，Gina 和這位「貓頭鷹」就已經從各自的人脈中消失了。不可靠的人能影響到的，恰恰是那些相信他的人，可靠是信用、是合作成功的通道。

國際「信任」課題研究的權威之一、日本學者山岸俊男說過：安心是指「對利益分享的評價」，即對利益與風險整體的評估；信任則是「分享心意的評價」，不只是利益，還有心理上的共鳴，在不確定的情況下仍然安心。

> **一個人身上最可貴的寶石，是別人對你的信任。**

不可靠的人，很難再建信任，新關係的建立需要更多的時間、精力、金錢、關聯人脈的投入，而耽誤的時間、錯過的機會可能就是最大的損失，這就是信任成本。

做事沒有閉環、不實際、或有始無終，稱不可靠。溝通沒有閉環，有些人你問他問題從來得不到及時回應，甚至你不追到他眼前就永遠沒有回應，也沒有交代，也是不可靠。做人有來無往，有允諾無兌現，非常不可靠。輕諾必寡信，失信不立，終歸會反應在結局裡。

那位「貓頭鷹」就有這個特點，誇張許諾。不到最後絕不鬆口，咬定「我能搞定，你們別管，交給我。」結果自然是每個保證都沒有做到。我不解為什麼承諾對他而言如此廉價，他難道不擔心承諾兌現不了、火燒眉毛嗎？有一位朋友是這麼說的：「那就是賭徒心態，不到死的那一刻都覺得會有奇跡發生，讓他僥倖混過去。而且，那種人若是賭贏了，他就逃過一劫，賭輸了，大不了耍賴。」

看到這裡，相信你們可能會和我有一樣的感慨，為什麼好不容易在一個新地方拿到新機會，不踏實一點去做呢？為什麼又要斷光一批那麼好的人脈呢？沒辦法，這就是某些人的特質。其實無論是 Gina 還是這位「貓頭鷹」，也許本心並不壞，並非有意害人，但「聽過很多道理，依然過不好這一生」的原因就在於那就是他的特質，而且改不掉。就像貓頭鷹，難聽的叫聲是它天生，無法更改。

一個人的成就與他的性格有關。反過來說，你如果瞭解他，也就不難理解為什麼腦子轉得那麼快的人，年近四十歲卻只有那樣慘澹的成就。要知道，假設每個計畫都不持久，好樓總是爛尾，不要懷疑，那一定是人的問題。本身擁有聰明的腦袋，但總把每一副好牌打爛的人，不能算是真正的聰明人。

初期評估某個專案的時候，我對資訊掌握不夠全面，覺得擺在我面前的資源檯面上沒問題，而且我可以從機制上防控隱患，但總覺得不踏實。為什麼看似風平浪靜的湖面，常讓人感受到暗流湧動？以我個人來說，有時對各種因素分析來分析去，結果未必正確，直覺反倒一直驚人地正確。現在想來，一個人的直覺其實蘊含了他過往所受的教育、經歷、經驗，已經融入其內心的好惡和感受，而好惡和感受一類情感層面的權重常被太過理性的分析忽略掉。

當時獅子座S對我說：「不要急著決定，誠實對待自己的感覺。」於是，我沉靜三天，去旅行，不再受周遭訊息或者聲音的催促與影響。

回憶過去的一些人生選擇，有幾次經歷，我是走到了哪裡就覺得到了哪裡，遇到了什麼就覺得遇到了什麼，卻忘記排除外界紛擾，去設計自己真正要做的事。那不也是我的性格特點嗎？所以才有那些確實沒有帶給我快樂的經歷。如果我想改變，那就該從相似的經歷中悟出錯誤，學到經驗。

一語驚醒夢中人，我是很感激獅子座S的。然後我要做的，就是在今後做決定時冷靜、反思、覺醒和修正。

「撥亂反正」是一個技術活，心靈上的也是。說到底，是一場對智商的補救。

空談成就不了任何事

我認識一些商界前輩，他們共同的特點是見多識廣、人脈廣泛、口才不錯，滔滔不絕。具有很強的分析能力，能夠在短時間內做出戰略規劃，然而企劃案很多，實行的很少，真正做起來的幾乎沒有。羅馬不是一天建成的，一口氣吃不成一個胖子，什麼都想吃，只會讓思路臃腫而已。每個項目的想法都是超前的，然而競爭對手從無到有都已經生出一大片了，他卻還是沒有組起自己的局。這不是鷸蚌相爭，漁翁得利，而是人家已在舞台上較量，你卻還沒站上去。

> 如果需要錢才能解決問題，沒有錢就乾等，那解決問題的是錢，而不是你。

作為晚輩，我不便直言其中的問題，但如果每個專案都是「只欠東風」的話，那本身就暴露出了最大的問題。有些前輩甚至說：「這事要有錢才能做，我需要有人多多少少投一點才能開展。」但是，如果需要錢才能解決問題，沒有錢就乾等，那解決問題的是錢，而不是你。這是不是「換個人也能做」的意思？

大處著眼，小處著手。我由衷同意這句話，並且時常提醒自己要眼觀全局，但事業要找一個機會，凝心聚力地好好做起來。這句話也可翻譯成「眼高手低」，換個角度解釋，眼高手低其實沒錯，可以仰望星空，也要腳踏實地。

有位北京大學本科、人民大學碩士畢業的創業者朋友，說過一句特別有意思的話：「當初我想拯救全世界，後來有人告訴我，如果我繼續這麼做下去，那麼全世界都救不了我。」

去年和一位朋友看了部懸疑劇電影《看不見的客人》，是我心目中的年度最佳。百度上的劇情簡介，艾德里安是一名事業蒸蒸日上的企業家，家中有美麗賢慧的妻子和活潑可愛的女兒，事業家庭雙豐收的他是旁人羨慕的對象。然而，野心勃勃的艾德里安並未珍惜眼前來之不易的生活，一直以來，他和一位名叫蘿拉的女攝影師保持著肉體關係。某日幽會過後，兩人驅車離開別墅，卻在路上發生了車禍，為了掩蓋事件的真相，兩人決定將在車禍中死去的青年丹尼爾連同他的車一起沉入湖底。

在電影看到一半的時候，我對朋友說：「不可能，那個女的不會是兇手，一定是那個男的。」朋友半信半疑，因為當時劇情所有指向都是女攝影師是兇手，並且過不了心裡那關，最後自殺。最後，電影結尾，證明我是對的。朋友問我怎麼知道的？我說，性格邏輯。一個事業上取得如此成就的企業家，一個是攝影師，在面對意外殺人時，假如顫抖不止的是企業家，鎮定自若處理屍體的是攝影師，壓根不符合性格規律。

成功不是回首、不是寄望，是把握現在

之前有朋友把一篇帖子轉到「深刻群」，是一個人寫的他自己的人生過往，並點明他人到中年一事無成。群裡有位學者看完是這麼評價的：「全篇囉唆，主題含糊。可以推測他行事做人也是如此，不犀利、不乾脆、沉悶。沒有起伏、沒有鋪墊、沒有處心竭慮蟄伏後精心一躍的高潮，他在文章裡只是一味給自己的人生定義為無趣。他這麼多年的生活基本上是被推著走的。推著走，豈不是行屍走

肉？依附性人格的悲劇，這就是性格決定命運。看過一句話，覺得特別好，「潛意識指引著你的人生，而你稱其為命運。」

對這篇帖子，群裡其他人紛紛表達各自的觀點：

「人生世上走一遭，怎麼也得帶點兒響呀」

「英雄主義不以成敗論之，不以好壞論之。失敗的是末路英雄，壞人是梟雄」

可見，什麼頭腦決定什麼位置。

受電影《無問西東》的感染，我在「深刻群」裡說道：「我們這個群，應該出現幾個能夠被歷史記載的人，成為具有歷史意義的群，我們應該往這個方向前進。」

我們不會明白用自己的時間去關注明星的緋聞八卦、說別人長短有什麼價值。那些被關注過並被歷史所記載的人，無不有更高的追求，他們專注於自己的生活與理想，可總被人津津有味地專注於評論他們的生活，不過轉念一想，其實這才正常，這不就是人與人的區別嗎？大智論道，中智論事，小智論人。崇高的思想談論理想，一般的思想談論生活，狹隘的思想只會說人是非。追星族與真正明星的區別就在這裡。

機會可遇不可求，勇氣需要時間與智慧的積累，只有自律可以完全操之在己，要掌握命運，先學會掌握自己。

德國哲學家席勒說：命運不是發生在我們身上的事，而是我們自身的一個組成部分，命運是我們如何運用洞悉力和愛的規律，對事件做出反應。

以人為鏡，可以少走好多彎路。《此刻決定蛻變》中說「找個偶像，超越他」，這是鏡子的正面。追求進步的人，也要珍惜吸取鏡子的另一面，不要蹉跎了大好時光。

一位復旦大學碩士朋友，在創業大潮中被浪推倒，兩年間一直在垂死掙扎……我不定時會約他吃飯，每次見面第一句話就是「還活著呢」。我們經常如此互相調侃，他知道我沒惡意，是希望他能翻身。他的很多朋友現在都是行業裡的佼佼者，見他的狀態也總是惋惜，總勸他嘗試其他方面，或者公司有職缺，問他要不要去上班。

而他總是感謝大家的好意，然後婉拒。與那些不知道問題所在而不去做的人不同，他什麼都明白，有一次還對我說過這樣經典的話：「所有的捷徑都建立在認真的基礎之上。有一個故事，曾有一個人落水了，一艘船過來，他不上，說要等上帝來救。又一艘船經過，他還是不上，他說要等上帝來救，終於他死了，見到上帝，質問為什麼不來救我？上帝說，我已經派兩艘船去救你了。現在覺得，我就是那個人。我想打造什麼就能成，所以，我不能讓自己再站在四十五度角的懸崖上，明年要拼一場。」我想他也許在努力，可幾個月後還是那個狀態……我知道，他寧願過得辛苦，因為放不下身段，放不下驕傲。

後來我跟他開玩笑，你是我的借鏡，記得一段話「創業路上有時風景差得想讓人飆髒話，但創業者在意的是遠方。若是將來在創業途中我不幸遇到大波折，我也得提醒自己，為了遠方，沉下身去，盤腿練功，厚著臉皮接受朋友們給我幫助的資源，重整旗鼓，實際行動起來。因為只有翻身，才是真正的驕傲，也才是回饋貴人們的最好方式。」他一直很欣賞我的表達，毒舌也一針見血，希望過不了多久，能見識他的重生。

一個人的氣質裡，藏著他讀過的書、走過的路和愛過的人。把這句話變得更寬闊一點，一個人的人生經驗，來自讀過的書、走過的路和遇見過的人。經歷過的，成功與失敗，都是鏡子，讓我們在拼拼湊湊中找到自己。

Chapter

2

自律是一個人的戰鬥

人的一切痛苦都是對自己無能的憤怒，而自律恰恰是解決人生痛苦的根本途徑。面對自己的恐懼與不情願，不必過度苛求自己，但也不能輕易向自己的軟弱妥協。

控制快樂與慾望的自我要求

我的幸運不在於未遇到危機，而一直在於每次遇到事情時所做的每個決定。所謂幸運不幸運，短期看沒太大意義，應該拉長時間軸來判斷。然而，與其祈求不要遇到倒楣的事，不如思考如何在倒楣時做好最有利的應對。對創業來說如此，其他事也一樣。下面以我在法國遇到的事為例。

有次坐地鐵，因為只有一站的距離，所以沒把後背包放到前面。剛上地鐵找了位置坐下，便見一位盲人想上車，行動不便，我便起身去扶他。把他扶進來，安頓好，我又坐回原來的位置，大意地戴上耳機聽起音樂。轟隆隆的地鐵聲和音樂聲讓我完全不知背後發生了什麼。到站後，我正打算出站，看到一位老先生的東西散落一地，便上前幫他一件一件撿起來。然後，像往常那樣走回住處，直到來到院子門口，想拿鑰匙，才發現背包被打開了，當下脊背一陣發涼，反覆翻找後發現放在包裡的手提小包不見了，裡面有錢、有卡、有護照……

本來訂好了下周巴黎到米蘭、羅馬到雅典的兩段機票，預計是等明天考完試，接下來的一個半月去義大利、希臘、東歐和荷蘭的。前幾天還想著要自己規劃一個人的旅行，安排所有的一切，正感到頭痛。護照被偷後，反而瞬間安下心來：哪裡都不用去了，也不用糾結了。把機票退掉，安安心心待在法國吧。

偷包事件後，我去了巴黎警察局報案，也去了中國領事館，無論是法國員警還是領事館櫃檯阿姨都對我很好，很有耐心。想到在法國最後的一個半月，該體驗的都體驗了，也不錯，好在沒有大損失，無非就是補辦護照需要等，卡需要回國補辦。

既然護照要等一個月，也去不了其他國家，不如在法國深度遊。於是立刻在網上搜「全球最美小鎮」，還真的被我查到其中居然有一個在法國，叫安納西（Annecy）。所有考試結束後，同學們能走的都走了。我訂了火車票和旅店，帶著兩位同學借給我的二百歐元，前往 Annecy。

一下火車，我瞬間便愛上了這個地方。位在阿爾卑斯山下，法國和瑞士交界處，一切美好都在這裡。本來我應該精算如何巧妙地用那二百歐元度過剩下的在

> 幸運並非沒有許多的恐懼與煩惱，不幸也並非沒有許多的安慰與希望。

法國四十多天的日子，卻來到一個物價比巴黎還高的小鎮，但面對湖光山色，迎面而來的笑容，感覺幸福極了，接下去一個月我就要住在這裡了。法國人稱它為阿爾卑斯山的陽台，當地人稱它為薩瓦省的威尼斯。特別是城中的那個安納西湖，它的水來自阿爾卑斯山的冰雪。

美景浸目，光陰莫負。我這次在安納西住的房子，屋內擺設十分雅緻。每一天我坐在陽台，喝著紅茶，看著書，抬頭便可看到阿爾卑斯山脈。去超市買食材，自己煎牛排、炒青菜、煮麵，或是照著在比利時學習的技能，煮好餃子，蘸上老乾媽醬……房間裡播放著一首的 Fluid，安然地生活、思考著人生。終於理解了法國啟蒙思想家盧梭講的，他曾經在安納西度過一生中最美好的十二年中的意味。

從房中的窗戶看出去，能看到安納西的鐵軌，一次雨後，想起余光中的《記憶像鐵軌一樣長》，只是到了夜裡人籟寂寂，天籟齊歇，像躺在一隻壞了的錶裡，左聽右聽都沒有聲音。

安納西最負盛名的中皇島（Palais de l'Isle），附近有座小教堂，比起很多宏偉的教堂，這個真的樸素很多，但來這裡的每個人都如此虔誠。大概唯獨我，是抱著看看的心態進去的，然後一秒鐘，整個人就被它的平靜洗滌了一遍。

沿著湖畔走，能到湖邊市場。我到安納西的第二天在市場裡遇到了一位音樂老師，是個純樸的法國人，邀請我晚上去藝術學校邊的音樂廳看他上課。我真的去了。到音樂廳門口，用英文手舞足蹈地跟法國人解釋我不是來聽音樂會的，而是被一位老師邀請來觀摩他的聲樂課的。被帶到教室，打開門，我看到裡面三十多位當地居民，大多是中年人，正在饒有興致、頗為認真地學習唱歌。見我來了，老師拿起麥克風介紹「這位是來自中國的朋友」。大家反應超級熱情，集體把正在學的一首歌唱給我聽。我用英文說：「謝謝大家，很開心，我也為大家唱首法語歌吧。」於是，我唱了一首（我的名字叫伊蓮），這首歌在法國就跟《茉莉花》在中國一樣流傳廣泛。一位黑頭髮、黑眼睛的中國女孩口中竟唱出法語歌，讓他們更加覺得親切。上完課，在學校內部的小酒吧裡和大家喝了杯啤酒，一位阿姨開車把我送回住處。

之後兩周，只要鎮上有音樂會，他們就會邀請我一起去欣賞。回到家，我腦子裡都是那個率性女歌手邊彈琴、邊用略帶沙啞又稚嫩的嗓音唱爵士，以及她帥氣擺動肩膀的樣子。知道我喜歡唱歌，音樂老師、他的學生們以及那位女歌手提議，我在安納西的最後一周，到音樂廳的大舞台為大家唱一首完整的。我去唱了，而那次演出，到現在一直留在我心裡。

朋友們載我去了許多極其美麗的地方，一路上除了驚嘆之外我真的不知道該說什麼。曬著太陽，聊理想、聊生活、聊快樂的定義。聽著 take me home country road，看到了阿爾卑斯山在那個冬天的最後的雪……

我像當地人一樣生活，偶爾去附近郊遊。搭著歐洲版順風車，去了依雲小鎮，在那裡找了個咖啡廳，和藝丹、Lois、Achilles手機連線開《巴黎吧哩》視訊會議。也挑了兩天去瑞士日內瓦，聽著 Miss Li 的 forever drunk，踩著節奏，走過大噴泉、教堂、咖啡廳和商店。還坐著小巴士去了一個忘記名字的地方，美輪美奐。還在那裡遇到了一對氣質出眾的中年夫妻，他們帶著兩個美麗的女兒和她們帥氣的同學們，玩皮艇、躺在草地上曬太陽……正巧他們也住安納西，傍晚時分，便開車把我帶了回來。

二十天前我隻身來到完全陌生的安納西，二十天後我不但在音樂廳大舞台上獨唱了法語歌、熟悉了這裡的大街小巷，還結交了純真善良的朋友們，融入了這裡的生活。友誼真的很奇妙，有朋友的地方突然就有了歸屬感。每次聊到我快離開的事，大家不捨的神情都讓我這個冷感天蠍動容。我們一起唱歌、一起喝酒、一起吃飯，交流中我向他們學法語，幫他們練習英語。這正驗證了那句話，生活不止眼前的苟且，還有詩和遠方。

為了感謝朋友們對我的照顧，在要離開的倒數第三天，我邀請他們來家裡吃晚餐，我煮了中國菜，不知道當初我怎麼有勇氣和自信提出這樣的邀請。提前買好紅酒，之後一整個下午，我都在廚房上網查食譜做菜。他們到的時候，我還在廚房手忙腳亂，這種「女主人」的感受，也很令人喜悅。青椒馬鈴薯、番茄炒蛋、紅燒肉，還算能吃，反正他們也不知道正宗的番茄炒蛋到底是什麼味兒。餐後，我放了中國的音樂《枉凝眉》《青花瓷》《茉莉花》……還為他們舞了一曲新貴妃醉酒。這個充滿中國風情的夜晚，可說是很盡興了。

在要離開的倒數第二天，我又走了一遍安納西小巷，在教堂前偶遇小黑貓，與它對視十秒，它傲嬌地走開，回頭給我一個意味深長的眼神。我不想再忍受一遍它離去的背影，於是決定立刻轉身，然後遺忘。我如約走到音樂廳，三十位法國人見我到了，集體為我合唱了一首歌，然後，我的眼淚就落下來了。其實，那只是安納西的水留在了我的眼睛裡。

回到巴黎，在 Airbnb 找了個位於三區的房子，準備三天後回國。合租的是一位優雅的巴黎老太太，我們在廚房煮茶攀談，有意思的是，好像有些老外不知道怎麼煮茶，他們會把茶包放進裝著冷水的杯子裡，然後一起放進微波爐加熱。這位老太太很健談，還熱情地邀請我下午一起去看一個展覽，邊聊藝術邊看精緻的服飾，視覺和精神雙重享受。走到大牌華服展時，六十多歲的她興奮不已，二十多歲的我格外冷靜，真懷疑自己是不是女人。

生活可甜可苦，但絕不能無味

就這樣，來法國的幾個目的逐一達成，心情暢快。回國前一天，以漫步在細雨中的巴黎左岸完美收心。第二天，我不留遺憾地登上了回程的飛機。

從護照被偷到被困法國的一個多月，只是一件小事，反應的卻是一種處事態度。後來的一年，我經歷了更多人生大事，勇敢地與一種生活告別，開啟另一種生活。在新生活中，從迷茫到清晰，密集地經歷、自省與認知。三十歲這一年，對於我來說，彷彿每三個月便像過了一個世紀，和一批人揮手告別，又遇見另一批人，然後告別再遇見。回望皆恍若前生。三十歲過後，我不知道哪些人遠去，哪些人又到來，哪些人會治好我的健忘，我又會走過哪些人的心裡……然後，帶著遇見和遺忘，最終依舊是我陪著自己。

老天是公平的，他給了你很多鮮花的時候，也會在裡面放幾隻噁心的蟲子。我也曾沒有防備地跌進生活安排的計劃裡。雖然說了很多瀟灑的話，實際上卻要很努力地爬出來，縱使摔得全身是傷，縱使忍受風吹雨打雪霜嚴寒，也不能任生活擺布，一定要望著天上屬於自己的星星，爬出來。

《奇葩說》有一期題目是「生活的暴擊（挫折）值不值得感激？」大家說的非常好，馬東總結得也非常好，說到了我的心裡，我們不要雞湯，我們要「真」。我不感激暴擊，不感激所受到的傷害，我只感激幫助過我的人，以及在暴擊後沒有倒下的自己。正如我曾寫過的一句歌詞「哪怕被世界拋棄，也要化個妝，抬起頭，識大體。」

經歷帶來經驗，經驗本就是財富，它使你懂得將來再遇到事情的時候該如何應對。你夠強大的，只要對未來還有憧憬，只要還在為此努力，挫折會把你鍛鍊得更強大。哪怕過去的經驗有時會誤導你，讓你在面對類似的問題時，反射性地泛起熟悉又久違的恐懼，幾乎繳械投降。但其實你所處的狀態已經變了，你也已

> **老天是公平的，他給了你很多鮮花的時候，**
> **也會在裡面放幾隻噁心的蟲子。**

經變了。類似的處境，對於過去的你而言是困境，對於現在的你而言早已不是，而是一件說過就過的小事。

在網上看到一段話「最應該感恩的就是你自己，遇見逆境時沒有倒下，面對流言置之不理，一個人獨自挨過疾病和孤獨，踏過千山萬水仍舊心懷信仰，不作惡，不畏懼，相信愛。是你自己為自己啟開了窗，獨自挨過那一次又一次的，足以讓人淪陷的黑暗。」曾經一個人聽著歌走在巴黎街頭，大雨淋漓，看到這段話的時候哭了好久。然後我寫下「一個女生，裹著棕色的風衣，踩著高跟鞋，淋著雨，被冷風吹亂頭髮，聽著歌，哭泣地緩慢行走在巴黎街頭，路過我，消失在雨霧中。我想她一定有很難過的事吧。」是的，這個女生，就是我自己。

其實雖然艱難，但也沒有到無路可走的地步。有時也是自虐情緒作祟，聽悲歌單曲無限迴圈，讓自己沉溺在設定的情緒氛圍裡，不想出來。一株小苗，我卻用一棵大樹的傷感去澆灌，這大概也是一種病。

自我心理暗示太重要了，所以最終這個世界就是自己和自己的一場遊戲。心境得靠自己走出來。也許有人覺得當下的處境糟透了，其實拉長時間軸，會發現並不是。老天只是覺得你應該盡可能地去體驗生活，淋漓盡致地品味酸甜苦辣。

老天在一個你尚且可以承受、可以轉彎、可以選擇的階段安排這一切，包括讓你遇見那些嶄新的人，以及他們的觀念和生活方式，讓你感受和感觸，就足以證明老天還是有善意和安排的。這就是我為什麼老天一直想教我很多東西，卻始終不忍心忘記厚愛我。這就是我的幸福。

一次，墨子攻來上海出差，陪我漫步在深秋的延安西路。他提議說說今年讓我最快樂的三件事。那麼多年，每次見面他都是如此，要求我提煉快樂，不要多，就三件。要從快樂中分出最高級，每次都讓我覺得不容易。努力回憶了一下，我說，一是二月份的深圳海灘和陽光。再抿嘴想，二是這幾個月和幾個人的遇見。停頓了幾秒，看一片落葉飄下，最後一件，這次回來，我擁有了更多的勇氣去折騰。

始終要有那種，把「進退兩難」的處境轉變為「進可攻，退可守」的本領。

很多認識或不認識的朋友說，每天都會看我的微博、微信，從中獲得力量，相同地，我每天也會翻看我喜歡的偶像發的內容，從中獲得共鳴與力量。因為，其實每個人的生活都不會是完美的，會有各種各樣的快樂在體驗，有各種各樣的問題要面對。而你喜歡的偶像也得應對事業或生活中的問題，他們能夠把更不堪

上天給人一分困難時，同時也給人一分智慧。

的情況處理得圓滿，這就會帶給你勵志的力量。

這個勵志的力量不是因為偶像們在享受完美人生，恰恰是因為他們在遇到不完美的人生時所做的選擇，付出和面對的勇氣。任何事都不是容易的，任何獲得都不會如外界以為的那麼輕易。沒那麼多矯情的正能量，最好的正能量就是過好自己的生活，然後讓別人看到你的生活就充滿動力。

事與時間淬煉的強大，不在於外在表現是否強硬，而在於內在的沉著與冷靜，痛而不言、笑而不語、遇事沉著、待人隨和、理解禮貌、豁達光明。時間訴說答案，時間不會辜負。

有方向、有韌性、有態度，才能到達想去的地方

一個人的發展，快慢不是問題，但得穩。一個人的進步，短暫的絢爛不是關鍵，但得扎實。希望我的每一段發展、每一次進步，都讓自己有踏實感。

常有讀者問我，不知道自己要什麼，該怎麼辦？其實，我沒有大家想得那麼聰明，是一路傻過來的，很多資訊和想法是別人告訴我的。比如曾經有個朋友對我說：「你是勵志書暢銷作家，我也出過一本勵志書，我們可以仿照某某某的發展路徑，今後建立自己的勵志品牌，當勵志女性企業家。」

我覺得是個好主意，然後開始行動，寫了第二本書，念MBA、到台灣、去巴黎，挖掘想實現的初心，找到合適的創業產品和服務。而我這位朋友呢？同一年裡，她充滿想法，每個領域都沾點邊，每個專案都找合作夥伴投資點錢，然後

又放棄。

我到底要什麼？然後呢？

一路走過來，我遇到好多人，也遇到好多這樣的例子。有些人們特別棒，會告訴我關於自己的夢想，告訴我所不知道的資訊，當我發現有符合自己夢想的時候，就約定一同起跑，看誰先到下一站。然後，我在我們的夢想之路上奔跑，快到中轉站時，我激動地想去拉他的手，告訴他「瞧，我們的夢想就要實現了！」可是人怎麼不見了？原來，他走了最初的幾步就放棄了，繼續徜徉在腦中的夢想裡。

很多事情就是這樣，我傻乎乎的，一開始也不知道自己要什麼，不同階段，總有很多聰明人闖進我的世界，給我靈感，告訴我可以幹什麼，然後我就開跑。結果往往是，我一個人走完了我們都想走的路。

有人說我是結果導向型的人，其實在單純做事層面，結果導向未必不好。如果我選擇要做一件事，一定會先弄明白為什麼要做它，要達到什麼目的。比如當初選擇在台灣攻讀MBA，是因為自己的名校情結，想在台灣最好的商學院深造。同樣地，選擇去巴黎當交換生，也有清晰的考量。

害怕攀登高峰的人，永遠在山下徘徊。

首先我從來沒有海外留學的經歷，碩士階段可能是我最後的學生生涯，此時得到一個難得的交換生名額，我想珍惜這個體驗。瞭解國外的教學風格到底是什麼樣的，國外的學習風格到底是什麼樣的。也想借著這個學習機會去別的國家生活一段時間，體驗一下當地居民的生活狀態、文化習俗。我向來對歷史、人文、民俗非常感興趣，比起打卡式旅遊，我更願意去融入當地居民的生活環境。此外，出國還有一個目的，我希望在增長見識的過程中，發掘商業靈感，找到能夠讓我渾身的細胞都洋溢起激情的創業點子。

簡單介紹一下交換生這件事。很多學校都會和其他國家或地區同等水準的學校互為姐妹學校，每一學期會有一定名額的學生被送去對方學校學習，這樣的學生稱作交換生。交換生只需要支付自己學校的學雜費，無須支付任何學雜費、學分費給去交換的學校，有些交換學校甚至會幫交換生安排免費住宿。交換生名額一般不多，所以也需要選拔。比如每一學期，從台灣政治大學選拔去歐洲高等商學院（ESCP）交換的名額，只有一個。

ESCP-Europe 是世界上第一所商學院，被認為是歐洲最頂尖的商學院之一，原屬法國精英教育體系，是全球少數受到三大商學院認證機構（EQUIS、

AACSB、AMBA）認證的商學院之一，成立二百年來，培養了無數歐洲政界及商界名人。學校以國際化為特色，有豐富的國際交流活動，每名學生要擁有一定的國際經驗才能夠畢業。學院的使命是培養具備多元文化背景和堅實的管理知識的未來企業領導人。ESCP 正因為所具有的這種國際化特色，才能為學生們提供獨特的商學教育形式和全球視野。所以，學校裡有相當比例的學生是由世界各地的一流大學商學院交換而來的。這不但使我在課程分組作業中可以聽到來自完全不同背景的同學們的觀點，還為我後來做的《巴黎吧哩》專案視頻提供了現成的採訪來賓資源。

說實話，除了明確自己此次交換要達成的幾個目的，我並沒有做什麼其他的出國前準備。行李也是出國前一天晚上才花了兩個小時整理的。主要是提前準備好錢和簽證，並預定好住宿。其實提早做功課還是必要的，比如我帶了五百歐元面額的現金來法國，基本沒店家敢收，最終只能到法國銀行去換。這裡提醒帶歐元來法國的人，注意儘量換成五十面額以下的。

我沒有要求法國學校接機，從戴高樂機場到小巴黎，坐大區快鐵 B 線很方便。小巴黎覆蓋有四通八達的公共交通，很容易到住的地方。我大約早上七點抵達戴高樂機場，學校那邊九點開始研討會，教授們給學生介紹歐洲及法國的歷史與文化。學生可以自由選擇要不要參加一周課程結束後的考試，如果參加並且通過，也可以算學分。我想要這個學分，於是拖著所有行李趕往學校。讓人驚訝的是，巴黎的地鐵很多是沒有手扶梯或電梯的，也就是說，我在坐了十二個小時飛機以後還要自己一路扛著行李，包括上下樓梯。只能怪自己笨，本來應該搭計程車的，當時竟然沒想到。

交換那一學期我修了五門課，兩門三十小時的大課，品牌（Branding）和行銷創新（Marketing of innovations），這兩門課都很有難度。

品牌課有一句話讓我印象深刻。巴黎歐萊雅的高管對我們說「搞市場和品牌的人，穿衣服就該精緻優雅。」這讓我想起一位在清華大學修MBA的朋友跟我說「我們教授說，你們的衣著和氣質，走在路上就能讓人辨認出是清華的。而走在清華校園裡，就能讓人辨認出你們是商學院的。」

我認為精緻不是奢侈品堆積出來的，而應該是內涵的外在流露。每天能夠在一分鐘內決定穿什麼並且穿搭得體又好看的人，擁有的是一種厚積薄發的才華。

品牌課上我和四個美國人、一個義大利人組一個小組，討論某品牌的定位和策略。意氣風發的九〇後外國同學，完全不給我說話的機會。我邊微笑聽著邊想「這些小孩子，以後就會知道那樣的思路不對，策劃不嚴謹。」可一想完，我馬上覺得好可怕，說不定幾年前別人也是這麼想我的。

美國人真的有種從骨子裡散發出來的優越感，那種自信是無來由的。看著他們，我真的相信為什麼大家常說，一般的學生想著畢業後如何找到更好的工作，更有志向的想著如何打拼出一番事業，而美國的學生想著如何改變世界。

自信讓平凡的人，做出與眾不同的事

在台灣和巴黎，我遇到好幾位美籍、加籍華人，他們之中有好多人不喜歡和中國人玩在一塊，因為他們覺得自己是美國人或加拿大人，然而他們也融不進真正的白人同學圈子，因為在白人同學眼中，他們還是和自己不同。

有個有意思的故事，一位華人先生和一位美國女士結婚，先生說：「我一輩子都在追求，怎麼樣能和別人一樣，而我太太一輩子都在追求，怎麼樣能和別人不一樣。」這大概都是一種無奈吧。就算中國同學張開雙臂歡迎他們，受傳統觀念影響，他們還是寧願獨來獨往，當個「洋人」。其實，世界格局和國家格局早就變了。

當時和我同期交換的一位同學Lois，也是《巴黎吧哩》團隊的一員，來自著名的美國威斯康辛大學麥迪森分校，她問我是不是派對動物？是怎麼融入洋同學圈子的？她之所以這麼問，是因為幾次歐美同學的派對唯獨邀請了我一位亞洲人，阿根廷和印度同學的音樂美食交流會也唯獨邀請了我一位老外。我其實也不知道原因，為了她的問題，還細想了想。我後來回答「我一定不是派對動物，甚至比起參加派對，我寧願宅在家。喜歡兩三人能深聊的小聚，要不就寧可一個人。我覺得外國同學喜歡找我，是因為和我相處舒服。在我的觀念中，雖然我們來自不同的國家，有不同的文化，不同的背景，不同的膚色，不同的口音……但不同僅僅代表這些方面的區別，本質是一樣的，我們都是懂得尊重、懂得理解的人。我的心中本質上也沒有美國人、韓國人、印度人，或者某國裔、哪國人的刻意區分，國籍本身不具優越感或羞恥心，交友看的是個人，而非那些他自身無法選擇的攜帶屬性。另外，我喜歡多元文化，抱有好奇和學習的心願，很樂於瞭解他們的文化、理念。那種平等與尊重是可以被感覺到的。在他們心目中，我也並不是中國童童，或者上海童童，而是童童，來自中國，僅此而已。」

我和外國同學們常有很好的互動，謙和但自信。比如聚餐的時候，我會教他們念唐詩，他們學我搖頭晃腦地一句一句地念，畫面相當喜感。我還教大家怎麼用剪刀石頭布擺可愛姿勢拍照，讓他們明白什麼叫亞洲女孩「裝可愛風」。還有一次，參加一位德國新朋友的生日派對，這算是我第一次參加純洋的家庭派對，氣氛太熱烈了，完全把家庭派對變成了酒吧狂歡的感覺，一群歐美美女同學教我跳性感的扭胯舞，我教她們跳《舞孃》。凌晨三點，吵鬧到被鄰居差點報警。再比如那次阿根廷和印度的聯誼會，我吃了好多印度同學強烈推薦的印度美食，那味道……好不習慣……他們還很期待、很真誠地看著我問好吃嗎？

在外國同學眼中，我和大多數中國同學不同，上課愛回答問題。其實愛回答問題這件事，一方面是想檢驗自己記住的答案是否正確或是否只是片面的正確，另一方面是因為我是「課堂尷尬癌」患者，之所以成為整個班上發言最多的學生，是因為我得了一種一旦教授提問，台下卻鴉雀無聲時便會不由自主舉手回應，以挽救尷尬的病。

我的另外兩門是十五小時的小課談判與文化（Negotiation & Culture）和破解領導力密碼（Breaking the code of true leadership）。此外，還修了一門初級法語。

破解領導力密碼那門課，教授讓我們兩人一組作業，去找一個首席執行長（CEO）採訪。我和一位韓國男孩被分到一組。課間互相介紹後，他面露抱歉的神色，說他英文不好，而且沒有 CEO 資源。為了方便小組作業，我隨即撥了一個電話給韓國 LG 集團在台灣地區的 CEO，也是我的學姐，希望能夠約電話採訪，她欣然答應。後期採訪時她還特地讓她的韓國特助全程翻譯。我的韓國搭檔驚呼這個作業竟如此順暢完成。

短短半年，累積的友誼卻不淺，來自二十個國家的三十位外國同學甚至義務幫助我的《巴黎吧哩》視頻拍攝專案。現在回到各自的生活，但每天還是能從臉書上看到大家的動態，偶爾想念，感覺很好。

說到體驗異國的生活與文化，雖然巴黎真的可以算得上髒亂，如我的手提包曾在巴黎地鐵上被整個偷走，但我對巴黎總體還是喜歡的。主要是我喜歡藝術、歷史和欣賞建築。法國人的浪漫是骨子裡的，並非刻意地矯揉造作。比如走在路上，突然下起雨，為了避雨就近躲進一家花店，於是就會順手買了一束花。現在很多人稱巴黎為「巴黎斯坦」，因為人種真是太混雜了，常見到路邊的櫥窗有被砸的，十八、十九、二十區基本不建議晚上前往。

我沒有預定學校宿舍，而是從 Airbnb 上找到了漂亮的房子。在 Airbnb 上找房子，除了看地段和價位外，主要是看以前房客的評價，對於瞭解房子情況有幫助，可以做出較正確的選擇。如果不怕坐四十多分鐘的地鐵到學校上課，我建議住馬約門廣場一帶，那裡算是富人區，環境治安都不錯，房租也不貴。

至於飲食，由於我不會做菜，這半年來的食物主要集中在法式餐廳的牛排、法式餐廳淡菜、麥當勞、中餐廳、越南米線、中國超市買的餃子和泡麵回家煮……無論是吃的還是喝的，餐廳都比較貴，超市很便宜。路邊或店裡賣的烤雞是個不錯的選擇。

外出主要靠地鐵，最好一次性購買十張票，會比一張一張購買優惠。只要不出站，就只需要一張地鐵票。

巴黎的街道到處可見捐衣箱，離開巴黎之前，我的很多衣服、包包、鞋子，放行李箱扛回去也幾乎不會再用，所以就捐給需要的人。

法國的博物館對二十六歲以下的學生是免費的，所以，我這個三十歲的大齡交換生，得趁每個月的第一個禮拜天，也就是各大博物館的全民免費日，去盧浮宮、凡爾賽宮、奧賽博物館觀賞藝術品和畫作。

心在哪裡，路就在哪裡

很多朋友都問我在巴黎習慣嗎？這沒什麼不習慣的，除了父母身邊，其他地方對我來說都一樣，都是追逐夢想的地方，把思家情緒深藏在每天的忙碌和街道的獨步中。

我的適應性算是不錯的，剛到巴黎沒幾天，在地鐵站遇到一個法國老太太顫巍巍拿著硬幣不知道怎麼買十張套票，我上前幫她操作了機器。真沒想到，十年前在大學學了一個月的法語，居然能讓我在巴黎安然地生活了。

法國人雖然英文不好，但並沒有那麼排斥講英文，至少我只遇到過一次，不是在巴黎，而是在一個小鎮司湯達的故鄉格勒諾布爾，在一個不是特別漂亮但還算有點特別的山中之城，對方直接跟我說他是法國人，請我跟他說法語。但巴黎畢竟是大都市，旅遊勝地，大家都很客氣，看我的亞洲臉，也很願意給予幫助與方便。

有一個著名的W曲線，道出了文化適應的動態過程：蜜月階段↓崩潰階段↓

獨立穩定階段→回國蜜月期→回國崩潰期→回國穩定期。我在到巴黎大約一個月以後出現孤獨感。孤獨感是一種再忙都無法填滿的東西，也是一種除自己以外他人無法感同身受的東西。尤其是時差的六個小時，微信幾乎死寂，家人好友皆已入睡。有想法想說話，卻沒有熟悉的人可以交談。

這半年恰逢中國農曆新年，我第一次過了一個父母不在身邊的年，幾個同學做伴，地點在比利時。能幹的同學們安排好了一切，包括交通、行程、住宿和年夜飯。我吃了今生最好吃的餃子，雖然是從中國超市買的冷凍餃子，但她們煮好、裝盤，再蘸上老乾媽辣油，當時覺得好吃極了。我們用電腦連線，邊吃邊看春節聯歡晚會，令人鬱悶的網速讓我們最終放棄吐槽春晚，說說笑笑到深夜，各自回房睡覺。當天晚上還有個難得的體驗，我們的一個姑娘在洗完澡後被鎖在了浴室，這裡的門堅固到我們其他五個人束手無策，旅館的人讓我們撞門，但也以失敗告終，淩晨三點，終於等來了技師，把人解救了出來。

比利時的中國人不少，新年那天，撒尿小童換上了唐裝，布魯塞爾大廣場張燈結綵，龍車、舞扇、舞龍、敲鑼、打鼓，播放著《今天是個好日子》……好不熱鬧。

出國學習和生活，鍛鍊的是各方面……心理全靠自己調適，所有的人際關係也靠自己處理，如多元文化、多宗教的同學關係、師生關係，全球化的男女關係等。你真切地遇到許許多多優秀的人，從他們身上學到很多，眼界開闊了，視野開闊了，心胸開闊了，未來之路也開闊了。親歷了許多在國內看不到的、無法理解的商業、生活、社會現象，鍛鍊了自己的獨立思考能力，為自己的人生觀、價值觀、世界觀帶來新鮮的血液……因為你融入過，並不僅僅是旁觀而已。

建立生活裡的儀式感

接受世界多元需要包容和理解，包容和理解，是每個人都應該有的修為。當然，在我們能選擇的時候，還是會自然而然地和同類混在一起，這是天性，就像下課的時候，你會下意識地跑到平時經常玩在一起的同學身邊，度過那短暫的十分鐘，因為同類讓人舒服。

同類的遇見是會有熟悉感的。那是一種說不清楚的東西，這跟你和這個人熟悉與否沒有關係，但就是有種感覺，你知道他能聽得懂，就像你明顯不想和聽不懂的人浪費更多唇舌一樣。

有位同學在日本當交換生半年，感覺像去禪修一樣。回國後，面對一群不理解他的人，他感嘆為什麼聰明又人好的人那麼少？我說，我們現在的狀態，真的沒有時間去和始終契合不了的人周旋了，太浪費時間和人生的重點。正如電視劇

《歡樂頌》裡那句經典台詞「常與同好爭高下，不共傻瓜論短長。」

我時常感嘆自己的幸運，我的朋友都那麼優秀，又那麼好。雖大多是商人，但保有赤子之心，縱使久戰商場，也保持一方清澈，冷眼看濁世紛擾，高潔自在心中。我們分享觀念、戰略、戰術、看法和感覺，偶爾分享喜歡的音樂、電影和不知從哪裡來的創意。我們都有骨子裡散發出的自信，有一些相似又有許多不同，樂於彼此交流，互相學習，共同成長。如今，我們一起行走在不斷修煉的路上。

朋友是：聽得懂，聊得來，互相看得上。

閨蜜是：聽得懂，願意聽，聊得來，願意聊，互相看得上，互相損得起。

知己是：知道我為何而來，知道我嚮往何方，一個眼神的長度，便能把我看穿。

我有朋友、有閨蜜、有知己、有良師益友，每每想到這裡，即感恩老天，感恩命運。在好幾位友人眼裡，我怎麼樣都好，優點被誠摯的眼神讚美，缺點被認為是成長必經的足跡，對我無限包容，對我充滿信心，對我由衷欣賞，對我萬般肯定。每天忙得沒有一餐可以準時吃飯，卻耐心傾聽我的日常瑣碎，彼此分享心

> **上天決定了誰是你的家人，幸運的是選擇朋友方面，給你留了餘地。**

事、彼此共用音樂、在乎、互信。有些相識好多好多年了，我得意的時候在，我失意的時候更不離開，這大概就是友誼最好的樣子。

記得在我最難熬的時光裡，長期沉澱、已成背景的情誼充滿力量地冒出頭來，帶給我出乎意料的堅實感動，頓時覺得自己其實被上天厚待著。那段時間縱然選擇獨處，但還是收到好多朋友主動和實心實意的關心，每晚陪著我的還有閨蜜們長長的電話。其中印象深刻的是鐵友墨子攻的一句話「你別總是怕麻煩朋友。朋友不是互不相欠，朋友是一輩子互欠。」

和墨子攻認識七年，飛機上的鄰座，變成了現在的好友。那時我還在外企當市場部主管，還沒寫書，還沒去台灣，他也還沒進那家知名遊艇公司當首席運營長（COO），也沒開始他的財務集團創業。這些年裡，我們互相看著對方在職場和人生路上調整、前行、成長，互相鼓勵、支持、尊重、關心，一起沒心沒肺地吃喝玩樂，聊天、談心、逛文創園，一起鬥志昂揚。他說我們像《笑傲江湖》裡的曲洋和劉正風，也因此特別鍾愛《滄海一聲笑》。

二〇一八年十月，他興致勃勃地說要來上海，帶我去陽澄湖吃大閘蟹。我說其實對蟹不特別感興趣，他說其實他也還好。我問那為什麼非要來，他說為了儀

敵人的笑臉能傷人，朋友的責難是友愛。

式感。他回憶之前一次到陽澄湖，在湖中心的船上吃著蟹喝著黃酒；聽人撫琴演奏《滄海一聲笑》，那意境太美。可惜這次我們來，繞著陽澄湖找了一圈也沒發現湖船，就隨緣地找了一家湖邊餐廳。我心想，不美啊，要是真正在湖中央泛舟聽曲就好了。他似乎看出我的心思，酒上來的時候，他拿出手機，開始播《滄海一聲笑》，並且讓我聽歌、品酒、吃蟹，然後說朗聲道「有蟹、有酒、有歌、有知己，多美。」

我說，《小王子》裡的狐狸對小王子說：「你每天最好在相同的時間來。比如說，你下午四點鐘來，那麼從三點鐘起，我就開始感到幸福。時間越臨近，我就越感到幸福。到了四點鐘的時候，我就會坐立不安，我就會發現幸福的代價。但是，如果你隨便什麼時候來，我就不知道該在什麼時候準備好我的心情，也就缺少了一定的儀式感。」小王子問道「儀式是什麼？」狐狸說，「這也是經常被遺忘的事情，它就是使某一天與其他日子不同，使某一時刻與其他時刻不同。」

墨子攻說「是啊，蟹這裡能吃，那裡也能吃，然而十月到陽澄湖吃大閘蟹就是我為生活找到的儀式感。」

《小王子》是他強烈推薦給我的，每看一遍，確實多一分感觸。因為忘記自己的朋友是一件悲哀的事情，並不是每個人都有朋友，如果我忘記了小王子，那我就會變得和那些只對數字感興趣，對其他事都漠不關心的大人一樣了。

又如某一個平安夜，我發高燒、頭痛、喉嚨痛、腰酸背痛，主持完校友會的聖誕派對，癱軟地窩在沙發裡。發消息給一位女友說，生著病的創業狗沒有晚餐約，女友當下便讓我去她家，並做了一整桌菜。幾年來她對我一直如此，我低潮時，盡其所能地幫助我，我做任何選擇，哪怕不符合「正常」觀念，她都覺得我是對的並且給予支持。

那天她兒子在客廳玩「聖誕老公公」早上送的禮物，她先生在房間裡加班辦公。另一位女友攜著她先生也來了，大學三閨蜜在將近四年後重聚。我身體不適，早早地斜靠在床上，她倆進臥室來圍坐在我身邊，照顧生病的我，像是回到了大學的寢室，聊著生活和情感。

歲月真實發生在我們身上，錯落成各自的故事，不同的個性把我們送上不同的人生軌道。然而有些東西是不會因歲月而改變的，那就是無論多久沒見，一天或是一年，再見面時還是老樣子。我們還是我們。

再如一位朋友，我和他曾有過這樣的對話。我說我有很多缺點，比如自我、毒舌、孤傲、清高……缺點多得甚至可以和清明上河圖上的人與物畫等號，謝謝你們包容我。他持著一如既往的溫文儒雅，暖暖地說「那些是優點啊。自我是能力好的自信表現，毒舌是溝通技巧好，孤傲是優秀人的特點，清高要有本事才能做到這一點。」這種盲目的友誼真是讓人很難拒絕。因為多以互聯網交流，平時忙得很少見面，現實中的樣子已經模糊。我印象中的他，就是白衣出江左，江上清風遊的氣質。印象是感受的濃縮，和現實肯定不同，但記住暖心的語言和清爽的氣質，也很好。

情誼是兩顆心真誠對待

友誼在這個層面就是任性的，朋友就是用來幫親不幫理的。一般和朋友們聊些肉麻的話我都不會回看，因為那些是當時帶有情緒、情感的語言，過了那個時段，再看就顯得矯情了。但我的介懷其實是完全沒有必要的，看民國時那些大家的往來書信，哪封不是讓人雞皮疙瘩掉一地。

很多人跟我表達過羨慕，也有人表示不解，傻乎乎的我怎麼會有那麼多摯友願意在身邊陪伴我、幫助我。一位朋友這麼說：「其實你不必有心理負擔，應該這樣理解，你的朋友們本身是不缺朋友的，他們如此待你，不正表明他們也喜歡與你相處嗎？有你，說不定他們更快樂呢。我就是其中之一。」這位朋友在我心中是鐵漢柔情的典型，攀登珠穆朗瑪峰、徒步沙漠求生，是成功的創業者，有經歷，有思想，有洞見，有智慧，眼神裡總有故事。

於是，我心安理得地接受了大家對我如父如兄般的支持、提攜以及鼎力相助，但還是把感恩銘記在心。「在上海這種城市，時間和心是最難的。」忘記是誰發給我的這句話，只記得看到的時候是淩晨，瞬間讓夜褪去了好多聲音。墨子攻說「我是搞金融的，對我來說，時間很貴，卻願意讓你隨便浪費，因為你是我的朋友啊。」反過來，正是因為彼此在友誼上花的時間、精力與真心，才使得友誼更加珍貴。《小王子》中類似的觀點是，你在你的玫瑰花身上耗費的時間，使得你的玫瑰花變得如此重要。

無法一一描述那些對我有影響的朋友的故事，他們在不同階段以不同的翩翩風姿走進我的世界，用智慧、情操、風範、真誠編織友誼。例如獅子座S，年近六十歲，精氣神卻比許多年輕人都好。過去創業，把公司做到上市後賣掉，現在投資一些公司，邏輯縝密、思維敏捷、記憶力超群，巧合的是，我們居然都是美國商業最高榮譽協會BGS（Beta Gamma Sigma）的成員，儘管我們被選入會的時間相隔幾十年。

我在創業路上遇到問題，無論什麼時候打電話向他請教，他都很耐心地傾聽並且提出建議。有時也會生我的氣，用他的香港普通話在電話那頭大聲地說「跟你講的，你有聽進去嗎？你如果不改掉這點，做不了很大的事業，別怪我這麼說。啊，被你氣死，雖然這樣，但明天你還是我的朋友。」我一看時間十一點十分，便幽幽地回道「哦，那還有五十分鐘，我們又是朋友了。」

友誼之光像磷火，漆黑之際最為顯露

既然是良師益友，肯定不乏給我的建議和意見。我以為，這裡有個「說不說」和「度」的問題。首先我是支持大家對我暢所欲言的，當然朋友們的接受度都很高，對於我的個人特質肯定是認可才會成為好友的。所以，前述那些朋友們的誇讚，並不是在捧，而是包容和欣賞我的個性、獨特性以及多元。但對於我的困惑、迷茫、盲點和可能會犯的錯，他們要不要說？當然要。但怎樣說，是要掌握好度的。這個度在於，他們如實表達想法，但不替我做決定。也就是他們真實表達，我視情況採納。他們不真實表達，看我跌倒，那很不夠意思，他們也不允許自己對我漠視。獅子座S說我有一點很好，就是罵我我不會生氣，更不會記仇。

有位復旦大學創投俱樂部的創業導師問過我一個問題「我們接受了許多創業者的諮詢，對於有些明顯不適合創業的人，到底該不該實話實說？但我覺得不該替別人做決定，因為我的判斷也未必永遠是對的。」我回答當然要開誠布公，實話實說。如果不真實表達，那何談「導師」。而聽者接不接受，那是聽者的事。聽者把他們的意見納入自己的評估，但決定權在自己。一個有主見的人，不會因你的打擊而放棄；一個沒有主見的人，更需要指點，因為除了接受指點，他沒有主見處世。

我有個微信群，幾年來成員大概維持在二十位。一些舊人賭氣離開，一些新人加入，都是真性情的人。包括有些年紀的人，或在各自領域取得了或大或小成就的，有時會因為辯論激烈真生氣。我稱它為「深刻群」，因為群裡話題從天文、地理、文學、物理到歷史、文化、哲學、法律……無一不包。珍貴在於，他們都是有趣的靈魂，不矯揉造作，就算矯揉造作，也坦白告訴大家「我在這個領域有真材實料，可以裝一下。」十足像一個精小的班級，舒服地相處，沒有人想從彼此身上得什麼便宜。他們叫我小妖女，說是小妖女比小仙女更能突出我的特色。仙，有能力、有能量，但四平八穩，端莊秀麗，有距離感；妖，有能量但不安分，卻是可愛的。

世人其實都有一雙慧眼，終會辨識華衣、浮誇，抑或粗布、嬌柔背後那顆純淨的心和那方純粹的美好。那不就是精神的意義嗎？你要相信你的朋友們有這種智慧。

我總能從朋友那裡獲得能量。例如覺得生活缺乏激情的時候，對著電腦發呆了幾小時，心情越發不好，寒冷的天氣也顯得那麼討厭，突然想唱歌，環顧四周，僅我一人，又不想唱了。深刻群群主為我語音清唱了一段山歌，算是很到位了，不高興一點好像對不起他來自山那頭的聲音。

學生時代的我們，無法選擇誰當我們的同學；上班後無法選擇誰當我們的同事；被分派任務時，無法選擇來自其他城市、其他國家的人和商業合作項目，所以，面對這些被送到我們生命中的人和事時，應該包容多元。而當可以自由選擇「花最多時間和誰在一起時」，我們終究還是會選擇大體上的同類，甚至不一定求同存異，不同存異也是可以的：在那些相似點上看到自己，在那些不同點上欣

> **友誼需要忠誠去播種，用熱情去灌溉，**
> **用原則去培養，用諒解去保護。**

賞對方。因為他們是我們自己選擇的朋友。

正如博爾赫斯在《朋友之樹》中所說，我們生命中的每位過客都是獨一無二的。他們會留下自己的一些印記，也會帶走我們的部分氣息。我需要你，我生命之樹的葉子，就像需要和平、愛與健康一樣，無論現在還是永遠。有人會帶走很多，也有人什麼都不留下，這恰好證明兩個靈魂不會偶然相遇。

擁有駕馭各種困境的能力

選擇出去深造是為了充電，為了沉澱，也為了再回到屬於我的地方，聽到那些鼓掌聲，我能心安理得地受著。對一切人事物的淡定，就是讓我最舒服的狀態。自信自立是因為有底氣。

三十歲前，我涉獵了商業和藝文兩個領域。大學主修管理學，在台灣和法國念完了MBA，從在世界五百強企業中國區總部負責市場部，到獨立擔任品牌策略行銷顧問，然後創業。時代在奔騰，我算是「在什麼階段，什麼酷就做什麼。」除了寫書之外，擔任過MV的女主角，也上過一些台灣的化交流類的電視綜藝、脫口秀節目。

有機會就把握，何況豐富人生體驗能帶來許多驚喜感受。一次去電視台錄影，一位新嘉賓跑到我面前說：「你們都是我在電視裡看到的人，現在居然看到真人，感覺好奇妙。」我愣了一下，想我難道不是嗎？小時候看電視劇、聽音樂，特別喜歡的偶像，出現在我的生活當中，當他們對我說著「學姐，如何如何」的時候，雖然表面假裝淡定，心裡早已激動不已。我才要說，人生真的好奇妙。

因為跨界作用，兩個領域互相助力發酵，讓我比同齡人更快速地成長與收穫。但三十歲是一個關鍵點，不大不小的年紀，需要更長遠的規劃。我不希望自己只是跨界打劫，最終兩個領域都沒走好。所以，三十歲生日的當天，我給自己設立了一個目標，在兩個領域中都要有亮眼的表現。

在第三本書尚處於醞釀期的時候，天上落下另一個契機，讓我有機會嘗試作詞。機緣是我的一位好朋友是台灣的美食大亨，擁有非常多藝文界的人脈。一次我跟他提議：「我幫你做你的連鎖麵店宣傳，你幫我介紹一個經紀人，如此可好？」就這樣，我們達成了共識。由他做東，在他自家的居酒屋，介紹給我一位台灣資深的經紀人。

這位經紀人當天帶來了一位資深的音樂人 Mike 老師，他是台灣人，目前在北京工作，擔任太合音樂集團旗下大石音樂版權的總經理。幾杯清酒下肚，我介紹自己是寫書的，他說：「作家？那你願不願意嘗試一下寫詞？」對我而言，這無疑是一個新的領域，但嘗試一下又何妨？

在他到達北京後的第二天，我主動聯繫他，說我已經寫好了一首詞，他驚訝於我對此事的積極，雖然我寫的詞非常不成熟，但對方覺得很有潛力，於是叫了他的一位得意門生，指導我寫歌詞要注意什麼。

Mike問我：「你知不知道二次元？要不要嘗試虛擬歌姬的曲子？」一開始，其實我有點抗拒，因為我以為歌詞應該是作者本身心情的表達或者是曾經的感悟，但他要我巷先瞭解再做決定，別輕易拒絕。

那段時間，我正好在研究中國的創投領域，注意到了「消費升級」，二次元市場充滿魔力，是一群人的小世界，不，應該說是一群人的全世界。所以決定嘗試寫幾首，讓作曲者們把適合二次元音樂的曲子找出來發給我，同時查閱網上各種寶典，瞭解二次元的世界。

愛因斯坦說：「邏輯可以帶你從A到B，想像力可以帶你到任何地方。」一個月以後，我提交了四首歌，被洛天依的版權公司從所有人提交的曲子中選擇，他們選定兩首官方發布，而這兩首的詞都是我寫的。

這次作詞的經驗，也正是我在兩年後創立「奕顆貝殼MUSINESS」商業音

失敗固然痛苦，但更糟糕的是從未去嘗試。

樂聚合與變現公司，及音樂 IP 孵化社群的基石。

一位 EMBA 教授說，IBM 發明了一個詞，叫作 Flexiposive，是 flexible 及 responsive 的結合字。意思是現在的人才需要具備彈性、快速和貼近客戶的特質。人生命的長度終是有限的，但我們可以無限拓寬生命的寬度和厚度。擁有自律，你就擁有了兩倍的人生。

我過去在企業上班，面試過一位實習生，普通大學畢業，簡歷本身也沒有亮點，甚至連社團經歷她也答不上幾句具體的話。我問她：「不好意思，十分冒昧地問，請問你是哪裡人？」

「新疆人」

「因為是面試，可否方便問一下你父母是做什麼的？不方便也沒關係」

她答：「父親在老家當公務員，母親不工作」

「你是希望畢業後留在上海發展還是回老家？」

「留在上海」

聽到這句話，我感到一絲心酸，看她的簡歷，我以為她來自小康之家，或是父母在老家已幫她安排好畢業去向……我跟她說了心裡話：「很遺憾，作為面試官，現在其實我只需說一句謝謝你來，就可以結束今天的面試，但我想分享幾句。上海的競爭非常激烈，五百強企業門檻的競爭也非常激烈，今天這只是一個實習崗位，你的簡歷哪怕有一絲亮點，或者讓我看到你願意學習的強烈心願，我也可以讓你來實習，我願意教。可是，在剛剛的過程中很遺憾沒有感受到。能否告訴我，哪一樣，你覺得自己比別人行？英文？Photoshop？PPT？」她回答：「沒有。」

我們願意辛苦在前面還是辛苦在後面，我們願意快樂在前面還是快樂在後面？如果選擇快樂在前面，能快樂多久？快樂地進入菜市場，菜市場能讓你快樂多久？出來的時候，驚覺離高樓大廈很遠了，除非有阿Q精神，不然其實不得不承認，往後會有很多很多年的辛苦。

機會是怎麼來的？多試試就有了。拿我來說，好多機會是來自無心插柳的嘗試，隨後發酵成為生活或事業的驚喜。

機會不會主動告訴你去把握它，它會易容成其他模樣，有時是細節、有時是尊重、有時是眼界……機會靠近你，直到有些人抓住了，有些人不屑地走開，它才找到了自己的主人。而那些當時有太多理由走開的人，他們內心總在抱怨，為

> **機會每個人都有的，但許多人不知道他們碰到過它。**

什麼機會從來沒有眷顧過自己。

二〇一七年底，我受邀擔任了約翰斯．霍普金斯大學（Johns Hopkins）「商業領導力」課程的客座講師。這是美國第一所研究型大學，也是北美頂尖大學學術聯盟美國大學協會（AAU）的十四所創始校之一。截至目前，學校的教員與職工共有三十七人獲得過諾貝爾獎。作為該課邀請的首位女性講師，我除了要分享中國的IP熱潮、IP孵化器的作用與意義，更要分享作為女性領導者如何在面對困難時保持信譽和沉著，以及如何建立有效的人脈、關係與資源。

某個週末，我想把一群朋友聚在一起吃一頓火鍋。

首先我給做牛肉生意的A打了電話：「我打算週末辦一個火鍋派對，其他東西都準備好了，只缺牛肉，不知道方不方便請你帶牛肉來？」他回答沒問題。

接著，我給有新鮮蔬菜採購管道的B打電話：「這個週末我們一群老朋友聚聚，吃火鍋，其他東西都準備好了，蔬菜可能不夠，你那裡蔬菜都是最新鮮的，帶幾樣來讓我們嘗嘗？」他回答「好！那有什麼問題。」

最後我打給F：「之前不是說好找個週末聚聚嗎？這週末怎麼樣？吃火鍋！食材都準備好了，場地的話，還是你家最有氣氛，要不去你家？」他回答「行啊！

哈哈哈。」

如此，每個人雖然只貢獻了一小部分，但享受到了整場火鍋派對，對每個人來說都是賺的。而我，你以為我什麼都沒提供，卻占了最大便宜嗎？但我難道不是提供了一張網嗎？讓網上的每一個結都提供了他們最擅長的東西，然後我就負責織出這張網。這張網，就是人脈。

舉兩個真實例子。我在台灣出版第一本繁體書時，出版社幫我在北部安排了一場新書分享會。我希望舉辦一個別具一格的分享會，於是，想到了墨子攻，打電話向他借了一艘遊艇，解決了場地問題。很榮幸，他還安排他們公司的區域總經理幫忙開船。與此同時，我又打電話給一位擔任電視台總監的朋友，他幫我聯絡了台灣四大報的記者。至於主持人，我發訊息給一位學姐，她欣然答應來主持活動。最終，我只是打扮得美美地出席，其他「食材」都由擁有專業資源的朋友們幫忙搞定。

我的母校第十屆世界嘉年華由上海校友會舉辦，這嘉年華有二十年歷史，兩年舉辦一次。這一次，從北加州、南加州、紐約、吉隆玻、墨爾本、台北、高雄、香港、溫哥華等地專程飛來了近五百位台灣政治大學校友參加盛典，我很榮幸地擔任了晚宴的主持人。整場嘉年華為期兩周，包含了觀光、遊船、旅行和晚會，被譽為史上規模最大、辦得最好的一屆。

嘉年華盛典圓滿結束的第二天，我詢問校友會秘書長找了哪家公關公司，因為我正好要承辦一個很重要的活動，想找好的公關公司配合。秘書長聽後哈哈大笑：「公關公司就是我們自己的校友義工團隊啊，除了〇〇旅行社之外，其他的所有環節包括晚宴都是校友們自己搞定的。」

接著，她向我舉例，以晚宴來說，導演ST學長是某全球知名的日本大型綜合性跨國企業集團高管，負責過好多次該公司新產品發布會；負責禮品的N學姐是某全球領先的支付公司的高管；負責財務的M學姐，是某台資銀行的高管；負責場控的A學長是某著名食品公司的資深公關經理；負責管所有人員就位時間的我，是小有名氣的監製……說這個規格，哪個公關公司有？

確實如此，這次嘉年華盛典規模龐大，規劃有序，義工團隊的校友們太厲害，熱心於分工合作、機動補位互助……盛典辦得如此成功。這就是一場資源整合的範例！

《紅樓夢》裡有句話「好風憑藉力，送我上青雲。」我在創業過程中，對此

更有心得。都說「人」是最難的，契合的人才真是十分難求。所以，身邊有那種厲害又可靠的好朋友，是一件多麼幸運的事，當你要辦一場嘉年華，發現馬上能找到這些人，把整個台搭起來；當你找到了「那個人」，他只要在那裡，就讓人有種瞬間安心的感覺。資源整合，仿佛一場嘉年華，是參與者的狂歡。

Chapter

3

自律之路是痛並快樂著

別讓現狀限制你的可能，沒有背景、沒有顯赫資歷、環境不給你機會，就更不能攤手妥協，每個環節都是磨練，你只能用力培養自己！

自律通往優秀，優秀吸引人脈

我愛喝紅茶，專注品味一樣東西就像專注做一件事。從飲茶這個興趣中，我發現一件有趣的事，同樣的茶葉，用不同的水泡，味道相差甚遠。用普通的水沖泡頂級紅茶，也無法突顯本味，難以沁人心脾。

決定你的境界往往不僅在你本身，也在於身邊的環境。身邊都是紳士，你自然知道怎麼為女士開車門；身邊都是暴徒，你恐怕也會忍不住給看不慣的人一拳。

人生如品茶，再優秀的人長期和烏合之眾在一起，優秀也終將褪去，淪為烏合之眾。縱然優秀也只是和烏合之眾相比而言的優秀，又能夠優秀到哪裡去呢？所謂淤泥而不染，濯清漣而不妖，那著實考驗蓮花的品格，也考驗蓮花不被同化的堅毅，然而，前提在你必須是蓮！就像茶得是好茶，不然哪怕是好水，又能好喝到哪裡去？金子才會發光，鐵只會生銹。所以人很重要，到一個能讓你施展才華與光芒的優異環境也很重要。

我們一直在說遠離垃圾人，若是抱著當傳教士的心態，希望能夠感化他們，恐怕會心有餘而力不足，因為這樣的人太多了。很多人甚至不知道自己已經積聚了太多負能量，保持和其他負能量的人交流、相處，互相感染，就像慢性病，平時不顯山不露水，突然病發時卻極具危險性。

若想盡量遠離垃圾人，其實最好的方法是趕緊找個方向提升，結交一些正常人，漸漸遷移自己的圈子。圈子層次越高，人的普遍素質和生活品質也越高。

你有什麼樣的智慧和底蘊，才可以吸引配得上這樣智慧和底蘊的機會與伴侶。你想擁有什麼樣的智慧和底蘊，就爭取進入一個具備如此智慧和底蘊的圈子。

物以類聚，人以群分，你想要和怎麼樣的人為伍？常見的答案是善良、有才、有愛、有想法……歸根結底，你希望結交的都是優秀的人。這裡既然是指人脈，就意味著已經把「朋友」從人脈裡分離出來看待了。朋友的意義是無關人脈的，

> **一個人永遠不要靠自己一個人100%的力量，而要靠100個人花每個人1%的力量。**

當然有些朋友的價值是超出人脈的，但「朋友」不是我這裡談論的重點。

人脈資源是需要分辨的。有些人擁有你沒有的長處或者你所需的東西，且又有合作的機會或意願，這些人就是你的資源。

不要因為別人有錢就把他當人脈，錢是他的，與你何關？開名車，在你面前晃悠一圈，再加足馬力揚長而去，徒留你對著飛揚塵土中消失的車屁股，把那半句話的恭維吞回肚子裡的人，之所以要與你有所聯繫，往往只是為了從別人的眼神裡獲得他想要的虛榮罷了，而有此虛榮需求的有錢人往往精神貧瘠，若非如此，那麼應該是你有他能用得上的地方。

合作是一種利益的交換，即我拿你需要的東西交換我需要的東西，如果交換的結果明顯是失去比得到得多，大幅度失衡，誰會願意交換？

真正的上流社會，是一個不斷擴大的圈子，圈子裡的人互通有無、共用資源。社會學常用的二八定律說明，全社會80%的資源掌握在20%的人手裡，也就是如果這20%的人互相認識，大家可以在圈子裡完成大部分的資源交換，你拿他需要的東西和他換你需要的東西，解決各自的需要，然後去賺那80%的人的錢。聽起來很殘酷，卻也是事實。

人脈到底哪裡重要？可以分為直接與間接二個層面。直接的好處，是那些對你有直接幫助的資源。以演藝圈為例，演員A通過編劇B認識導演C後，演了C的新電視劇；新人歌手D因為和當紅歌手E同屬一個公司，公司安排D上節目宣傳新專輯時，讓E友情助陣。

再舉個職場的例子，很多大型外商企業招人愛用內部推薦的方式，就是公司會列出一些空缺職位，讓內部員工推薦認識的人才。都說二十一世紀的競爭是人才的競爭，越英明的管理者越懂這個道理，外舉不避仇，內舉不避親，企業相信自己的員工最能推薦出與企業文化相合、與崗位需求相符的人選，而且推薦成功的員工還能獲得公司的獎勵。

間接的益處，是擁有的人脈會影響你在外界旁觀者眼中的地位。比如看到你經常和某位厲害的人物在一起，也許你和他只是經常碰巧在相同的活動中遇見而已，但外人以為你們相互熟悉，要對付你之前至少也會有所顧忌。再舉個演藝圈的例子，小演員A和大明星B是閨蜜，某次一個導演找上門，想讓A在新劇中演女二號，前提是A必須邀到B在此劇中客串個角色……明明所有人都知道，導演之意根本不在於女二號是誰，而是關心能否請到B友情客串，但誰會在乎這些呢？結果就是雖然A沒有主動去尋求演出機會，演出機會還是落到了她頭上。正應了「一個人的身價可以用他周圍最親密的三個朋友來評估」那句話。

人脈網，所謂「網」，一定是由點和線組成。點是指個體；線是指連接。在講點之前，先說說我看到過的很多有意思的線。

有一位舞蹈家，我經常能看到他在活動表演後，曬出和活動中一些名人名媛的合影。如果這是一張商界網路，那他成不了點，儘管我本人非常欣賞他的舞蹈才華。那麼他是人脈網中的線嗎？恐怕這條線是很脆弱的，因為在大人物眼中，他不具備介紹關聯方認識的本事，他是叫不動那些人的，所以這樣的關係是弱連接（weak relationship），我稱這些為合照型人脈。就像理髮店貼滿了首席髮型師和諸多明星的合影，或者餐廳牆上掛著名人們曾經來吃過飯的照片……這些可以也許可以證明髮型師能剪出厲害的髮型，或是這家餐廳飯菜味道極好，也許你相當有舞蹈才華……但從認識那些人到實際派上用場，中間還有很大距離。

另一位是某校商科班的主任，念到博士，擁有很多頭銜，這家公司的董事，那家公司的顧問，人脈很廣。大家想認識哪方面的人，就請他牽線，他也有能介紹關聯方認識的本事。他是線，但僅停留在「線」上。他的風格有點八面玲瓏，

> 千經萬歷，不如貴人推薦一句，認識了誰很重要，但更重要的是「你是誰」。

哪裡都沾上一點邊，但也不是用心經營一塊屬於自己的東西。

周圍的人也不傻，燉好一餐美味且營養豐富的「佛跳牆」不是件容易的事，誰願意你只是介紹給我一點關係，就讓你在我的資源裡分那麼大杯羹？更何況，那些關係對你來說都是弱連接，介紹只是一個動作，真正產生合作全靠自己。如果你居中大力幫忙，那自然需要回饋相對的回報。如果我的耕耘，是促成合作成功的大部份，那你怎麼好意思要求佔便宜？就像教授幫自己的學生寫了研究所的推薦信，學生是該感恩的，但如果教授要求學生因如願進了大學，所以要求報答畢業後的第一份工作年薪10%作為回報，這就不合理了。

我屬於樂於介紹關聯方認識且鼓勵他們直接交流的人，假設那個計劃我自認沒辦法參與，就不想因一己私利耽誤了人家好好合作，這也節省了自己的時間和精力，君子有成人之美。那位主任就是太把人脈當回事了，不理解關係網中真正的價值所在，所以，年近半百也沒創造什麼財富。因為人脈本身是不變現的，必須有載體，而那個載體必須是你的，才能把變現的主要部分歸你。

所以，要享有人脈的價值，單純作為「線」是不夠的，你自己必須也是其中的一個「點」。

在回答 Johns Hopkins 同學們關於如何建立強的專業型人脈網路（how to build such a strong professional network）問題時，我回答，成為更好的你，只有你足夠出色，才能讓出色的人給你時間，看著你、聽你說。

常有人希望我能把〇〇〇的聯繫方式給他，這種理所當然的要求讓我有些尷尬。尷尬不是因為介紹不了，而是因為他當面提出了這樣的要求，讓我不能隔著螢幕閃躲。話雖如此，我其實也能理解他們，被現實逼迫，極度需求資源時自然顧不上那麼多了。

儘管理解但我還是會直言不諱：就算把他的聯繫方式給你也沒有用，他不會回的。就算回，也是「嗯嗯」、「好啊，有機會合作」，然後就無疾而終，沒有什麼意義。

推薦工作和介紹物件也是如此，推薦人或介紹人有再強的人脈關係，也不會把不匹配的人推薦給與之差距很大的企業或者異性，把這樣的人推薦過去又如何？結果只是一方覺得浪費時間，另一方覺得備受打擊，兩面不討好，反而顯得推薦人或介紹人太輕率。

我的專長是做品牌、策劃與行銷。我選擇接受的項目，往往是那些注重打造輸出端本身價值的，而不是一味推銷的。個人以為產品銷售，靠「吸」比靠「推」高明多了。假如每個人都是自己的產品，常有人向你推銷他自己，雖然勇氣和企圖心值得賞識，但總是逼著你買，只會讓人煩不勝煩。

所以，想真正進入更高級的圈子，除了人脈，自身的能力更為重要。掌握越多別人沒有的東西，越能創造自己的稀有性，才能突顯自我價值，催化人脈。

關於社會地位，雖然說，人活著未必需要去理會周圍人的意見，不必隨意讓周圍人的意見對你造成影響。但是，一個人對自己的定位有時是模糊不清的，這個時候，就可以從周圍的朋友或者陌生人的眼中來反觀自己究竟處在什麼位置。

比如有人自覺是圈子裡的重要人物，結果發言號召，沒人聽他的。說話沒有分量，可見他其實沒有地位。比如有些朋友覺得自己厲害得不得了，但無論怎麼跳槽，卻一直拿不到他心目中的報酬，那可能就是他的自我評估高於他本身的價值。反過來，如果一個人去企業應聘，提了工資要求，老闆覺得他完全可以開比這高很多的工資，覺得他的水準和能力創造的價值遠不止於此，就說明此人過於低估自己。

所以，當你的「自我認知」和「市場對你的認知」有差距時，就要重新思考這樣的差距是怎麼產生的。是因為你的實力沒有完全展現，無法讓人瞭解你，還是你太謙虛了？要知道，如果周圍的人八成都認為你沒有那麼好，那麼你可能真的要反思自己、檢視自己，讓自己變得更好。

一位商學院教授分享，一個人的年紀、智慧及見識越多，就越有影響力；當你的名聲和知名度好到讓其他人佩服和欣賞，無形中便擁有了參照權。參照權是指對擁有理想的資源或個人特質的人的認同而形成的權力。如果景仰一個人到了要模仿他的行為和態度的地步，那麼這個人對你就擁有了參照權。也是大家常說的，各領域的關鍵意見領袖。

賈伯斯說 Stay hungry, stay foolish. 其實，只要人持續成長進步，身邊聚集越來越多優秀的人，就會求知若渴。我身邊有太多太多厲害的人了，多到我根本無暇讓自己滿足於那一丁點微不足道的成績。雖然我很有自信，但任何形式都不是重點，別光看表面，外在自信，內在有敬畏之心才是正確的處世態度，反之就是矯情。

除了認清自己在市場中的位置，還有一項也很重要，釐清資源到底是不是自己的。了解資源是不是基於獨立個體，脫離任何平台或背景而存在的。

人脈若來自你的個人特質，即才華、學識、人品、個人魅力、精神共鳴等，則是相對穩固的，屬於強連接（strong relationship），欣賞大於利益，人脈關係可能已升華至友誼了。如果你的資源是基於平台，如家庭、工作，那麼也許這些資源會隨著變化而自然消失。這就是為什麼會有人走茶涼的狀況，甚至好多人還沒走，就已經幾乎被打入冷宮了。

但這種情況也有例外：

⑴ 基於平台發生，而以個人魅力維繫、滲透，進而昇華。

⑵ 基於平台建立，離開平台還有後續合作、聯結。

要嘛夠優秀、要嘛有魅力，資源才是自己的，不是認識就叫人脈。

一個人發展的好壞，大致可以用幾個指標判斷，努力、人品、能力、人緣、口碑、資源……當然這幾項指標的比重不同。其中人品和努力是靠自己，人緣和口碑是靠累積，能力既靠天分也靠鍛鍊，「**資源**」與這些指標不同，幸運的人一出生就有許多別人望塵莫及的資源，而有些人則需要靠後天奮鬥與累積。

至於「**努力**」，不多加解釋，如果不知道努力是什麼，那根本就不會看書，如果不知道要如何努力，那便太適合看書了。「人品」大概就是指為人光明磊落

> **自身不優秀，有人脈也沒用。**

還是陰險狡詐，是君子還是小人，是道德感重的人還是在道德邊緣遊走、善於打擦邊球或者壓根就沒有道德的人。努力和人品的選擇都在自己手中。天生的「能力」是禮物，其他的「能力」靠「努力」彌補。

「人緣」某種程度上跟性格有關，一個人開朗、熱情、為人討喜、愛交朋友，自然廣結善緣。一個人孤僻、冷傲、獨來獨往、不愛交流，就算人不壞，別人也難以親近。

「口碑」往往是為人處世留給別人的印象，就是你除了有好的人品，也努力之外，有能力把事情做好，而不是一天到晚出差錯，這樣的人口碑基本也差不到哪裡去。

「資源」是如果你有富有的爸媽、當官的親戚、有權有勢的男友，那你也許可以輕鬆許多。如果沒有，那就得自己去尋找，自己去建立。而資源收集的過程，必經人脈通道。

不跳出舒適圈，就不可能遇見更好的自己

為什麼要好好讀書，難道只是為了考進好的大學嗎？只是為了畢業後找一份好工作嗎？知識層面暫且不論，如果你考進一所排名不好的學校，絕大多數同學在畢業後無法找到好工作，就算勉強就業，月薪也少得可憐。你身邊優秀的人少之又少，你又如何保證自己能出類拔萃，脫穎而出？

就讀好學校，試想畢業十年後，眾多知名企業的高管都是你同學，那是什麼感覺？若有才華，那時你也定會有一番作為；若是才華普通，但人緣頗佳，為人值得信任，那些同學也會幫助你、提攜你，因為優秀的人總是互相幫助，相輔相成。比如英國威廉王子與凱特王妃，是聖安德魯斯大學的同窗，前英國首相的內閣成員多數皆為中學與大學的同學。同學圈、校友圈，是一條極佳的人脈通道。

我母校的商學院在台灣學術界的地位舉足輕重，師資力量非常強大，校友資源非常豐富。在這裡念MBA的兩年，除了受到很有組織的知識教育，更習得理論結合實務。這全仰賴老師深厚的教學功力。所謂大學者，非謂有大樓之謂也，有大師之謂也。我還認識了許多優秀的學長、學姐和同學，大家不但在學業上互相答疑解惑，在小組作業中分工合作，在課外的真實商場中也互相支援，可以說，好的進修，投資回報率是極高的。

MBA的同學對自己來進修的期許大致有四個方向，擁有學歷、增長知識、發展人脈、獲得機會。說到底，其實就是希望在事業上有更好的發展。

一年過去，我問了幾個同學，你們的期許實現得如何？他們的反應告訴我，似乎不如當初期望的那麼順利。

對於以上幾項期許，我真心覺得「擁有學歷」不值一提，因為那是最基本的。「增長知識」專業知識多多少少學到了一些，學到的程度和課程中投入的用心程度成正比。當然，研究生的學習比大學的學習要精實得多，同學們的學習態度也更認真，尤其是對名校學生來說，研究生的課程都是以認真到可怕的態度在學習，而那些已經有工作經驗，回到校園讀研的，更是珍惜這段學生生涯。加上

每個人都有一雙翅膀，我們沒有理由拒絕飛翔。

職場經驗告訴他們，自己哪些方面的知識需要補足，有目的地積極進行學習，專業知識的增長是必然的事。

至於「獲得機會」，我發現，距離實現夢想那麼遙遠，不是因為不夠努力，而是機會從身邊經過，你卻沒有認出它。如何獲得機會，我給出的建議是，假如沒有慧眼，就多試！

多播種，總有一粒種子會發芽

要多做一些事，多認識一些人。我們不知道機會藏在哪裡，多試可以增加機率，就算試錯了，也能學到東西，一百件事裡總有一件會是機會。每次說到機會，我就想舉拍照為例，你拍了一百張照片，總能找到一張滿意的吧？如果真的懶到只肯拍兩三張，又一定要從中挑出媲美雜誌封面的照片，那不是強人所難嗎？

前面提到多認識一些人，也就引出了大家覺得最難克服的事，人脈的建立。國外的一位資深 MBA 教授 TED 演講中說：「我發現很多學生常常跟著習慣走，總習慣與最熟悉的人一起，坐在最常坐的位置，整整一個學期都是如此。這樣做是有風險的，當他們離開學校步入社會，可能只認識很少的人，而這些人和他們都很像，這就浪費了接觸國際化、多樣化關係網的機會。」

日常生活中這很常見，也容易理解，與自己相似的人在一起會感到自在。可是當我們遇到困難時怎麼辦？當我們需要新的點子時怎麼辦？當我們想換個工作，或者需要新的資源時怎麼辦？這時，就是我們為小圈子付出代價的時刻。平時經常和你在一起的人，他認識的人你也認識，直到當你遇見一位陌生人，他很有可能就是你打開社交大門的通行證。所以，這位教授時常鼓勵學生觀察整個教室，找尋讓他覺得最無趣、最不想與之交談的人，然後下課時和他交流。這項練習是為了強迫自己接觸不想接觸的人，拓寬社交圈，會發現許多意外而驚喜的碰撞。

哈佛大學對這個項目進行了研究，讓大一新生無法選擇自己的室友，所以這些室友可能是不同種族、來自不同國家的人。這一開始可能讓人不舒服，但令人驚訝的是，一年之後，同學們能夠克服不適，並且發現和其他人更深層次的共同點。

我的人脈吸納能力在母校是有目共睹的，以至於學長學姐、同屆的同學、學弟學妹們經常問我同一個問題：你是怎麼認識那些人的？

商學院往往都有設置 MBA 和 EMBA，兩者有什麼區別呢？MBA 一般稱為企業管理碩士或工商管理碩士，EMBA 一般稱為高階企管碩士或高階管理碩士。這兩者差別就在於 Executive。多了這個 Executive，降低了報考者過往學業成績的要求和外語門檻，但增加了對職位和社會地位的要求。就讀 EMBA 至少需擁有七年工作經驗，有名的商學院甚至要求工作經驗必須在十年以上，其中包括不低於五年的管理職位經驗。所以，EMBA 幾乎都是大企業的高級管理人或者上市公司的總經理，也就是所謂C字輩的人。這些前輩，自然也是對人脈有需求的 MBA 學生最想認識的。

如果良機不來，就親手創造

人脈不能只停留在認識上，但一切得從認識開始。台灣的臉書滲透率幾乎是全球第一。雖然都是社交平台，但臉書還是有別於大陸的微博和微信。

微信除了用於聯絡以外，還有朋友圈的功能，雖然像微博、臉書那樣都是用來分享生活方式的，但三者差異不小。微信朋友圈屬於隱私性最好的，很符合低調人的胃口。而對於高調愛秀的人來說，微信朋友圈也不失為一個炫耀的好平台，結婚的、生娃的、升職的、致富的都不忘到這裡來公布。曬的內容是真是假？內容限定了哪些對象可讀？大家評論了什麼也不得而知。說白了，完全是自導自演、自己做主的一個舞台。

微博是一個公開平台，一旦選擇發布微博，相當於同時選擇了那條帖子的無隱私性。任何人只要想看，都可以看到子。有多少人關注？你關注了多少人？哪些人評論？哪些人點讚？都是公開的。所以微博漸漸成為名人明星宣傳、表達的直接平台，也成為推廣、造勢的最佳管道。

而臉書是一個幾乎沒有秘密的社交平台，各方面的功能十分強大，曬生活的一面和微信朋友圈類似，但一旦成為臉書好友，就基本上把自己陷入了一個無限擴大的社交圈，臉書會不斷通過後台演算資料，找到與你可能相關的人，並把他推薦給你。你曬的一切盡在「好友們」眼底，哪怕設置了「部分好友可見」，那些看到的好友也可以通過帖子上的標記，知道你做了這樣的設置，知道你那條帖子並不是每個好友都看得到。你可以看到你和你的臉書好友之間有多少個共同好友。

它很好地詮釋了六度人脈關係理論，地球上所有人都可以通過六層以內的熟

> **生活不可能如你想像得那麼好，但不會像你想像得那麼糟，人的脆弱和堅強都超乎自己的想像。未來得靠自己闖，心在哪裡，路就在哪裡。**

人鏈和任何其他人聯繫起來。也就是說，最多通過六個人，你就能夠認識世界上任何一個陌生人。

人類發明的一切工具，對優秀的人而言，都是可以最大程度利用的。我通過在臉書上的一篇發文，引發一些EMBA學長、學姐留言交流，正好他們的一次下午茶聚會，主題和那篇發文相關，其中一位主事學長便邀請我參加。那時我入學大約兩個月，什麼事都是新鮮的，聽說是EMBA的聚會，就欣然赴約，到那裡才知道，那是母校EMBA與浙江大學EMBA的交流會。

多年來，學校只有我一個上海人，這算是一個差異化的身份，我寫過一篇文章，叫《最有利的競爭力是差異化》。在場的大部分人都和我家鄉的人有生意往來，共同話題自然不少，得知我還是一個出過書的作者，他們便對我更感興趣，交談甚歡。浙大EMBA學長、學姐拿著茶點過來，加入我們的話題時，在座的學長、學姐們還會指著我說：「她祖籍是浙江」。接著，我又被大家邀請參加了晚宴。

成功靠人脈，人脈靠真誠

網路是個秀場，所以，你在社交平台上展現的形象，就是你對外輸出的形象。也許這個形象是真實的你，也許是你營造出來的是你的人物設定。我個人覺得，營造出來一個完全虛假的樣子不現實、不長久，真實反而更可愛。

有一位畢業後離開校園很久的學長，在臉書上認識了我，因為好奇，專程繞道來看望我，我當時正在一家西班牙餐廳參加一場交接晚宴，於是和這位學長在晚宴開始前聊了一小時。後來，他成為我在台灣發行的第一本書裡，所有插畫的親手繪製者和提供者，他也是某著名食品集團的董事長。

要成為圈子裡有分量的人，總得自己有成績。比如，我曾聯合三位 EMBA 學長、學姐組隊，參加全台灣 EMBA 商管杯競賽。也許是巧合，這競賽辦了那麼多年，唯獨我們那一屆允許 MBA 的學生報名。當時 MBA 的同學們得知這個比賽並不能帶來學分，沒人想花費時間，我卻報了名。

參賽後發現，大家都認真了起來，處理繁忙公務之餘還要抽空來開個案研討會，熬夜討論，為應該採用什麼方案爭得面紅耳赤。大家都想得到名次，這不是獎金的問題，而是關乎這些企業高層或者企業主，代表學校參賽的榮譽感問題。

作為小學妹，在這種組合中，我並不是沒有發揮餘地。學長、學姐們都是商界資深人士，在某些觀點上爭論不下，不但互相下不了台，也會浪費時間。我心裡對那個爭議點有傾向的解決方案，於是用看似稚嫩的提問，讓學長自己發現邏輯漏洞，從而無須選邊站，使學姐的觀點生效，繼續討論下一問題。如此，保留了所有人的顏面，不傷和氣也解決了難題。

正式提交隊名時，隊長也就是那位學長，提議用我的本名作為隊名。比賽前一天，報告預演時學姐沒發揮好，隊長把我拉到一旁，希望我能在正式比賽中代替她演講。我看學姐花了一個多禮拜練習，非常重視這次比賽，於是說：「別擔心，學姐可以的。若是有不足，她演講完還有問答環節，有機會可以補救。這部分我會處理好，請放心。」

正式比賽當天，台灣幾乎所有大學的 EMBA 參賽隊伍都齊聚一堂。學姐越發緊張，連水都不敢喝。我對她說：「你講得很好，真的，只要照著投影片，自信地報告完就行了。」結果我們拿了冠軍。

很多年後我遭遇了一些事，學姐在我最低潮的時候鼎力相助，當時我們一起站在她家的天台上，看著遠處的晚霞，她說：「其實你改變了我。小時候，轉學，老師讓我做自我介紹，我一時間沉默，被她當著全班同學的面嘲笑。所以我後來都不敢在公開場合演講。那場個案競賽，我很緊張，差點想換角，但又真的很珍惜那次機會，想讓同學們也能看到我的風采。幸好你鼓勵了我，相信我可以，我真的做到了。從你身上，我看到了女孩子該有的樣子，懂得打扮自己，精緻而自律。之前 EMBA 的春酒和秋賞，我的服飾搭配發給你，你都給我建議和肯定，讓我變得開朗許多，真的。」我聽完愣了一下，其實比賽前夕，我想的是我從來不缺舞台，就算這次沒有，也會有下次，應該把舞台留給更需要的人。可見體貼收人心。

學習理解自己與周遭世界的能力

我和 EMBA 學長、學姐們的相處，彼此間是平等的，我的工作年資比他們短，但並不比他們差。如果 MBA 的同學們總以高攀的視角看待學長、學姐，只能說明自己底氣不足，若非能力不足，就是缺乏自信了。

有一個有趣的現象，台灣朋友常說大陸朋友有狼性，至少 MBA 的同學覺得我腦門上刻著企圖心三個字。我雖然外在不強勢，甚至有點呆萌，但目的性強，知道自己要什麼，然後就去拿到，不廢話，不糾結。我大學畢業進的第一家公司的集團高管是這麼評價我的「你是我的朋友，也許不是最優秀的卻擁有很多能量並且知道自己要什麼，我認識你，而且我很自豪我認識你。」

說說我這上海人眼裡的台灣吧。好像來自由行的人都對台灣讚譽有加，來念書的人卻有種說不出的憂傷，且聽我娓娓道來。

從走近到走進，我一直用心觀察著台灣。既是旁觀者又身臨其中，以客觀體味它的內涵。我覺得上海是個三十歲出頭、年輕有為的小伙子，而台灣則像一個將近五十歲深刻且富有韻味的老男人。那山、那水、那絲絲入扣的文化底蘊，還有那群純樸善良、彬彬有禮的台灣居民……在一次電視台文化交流脫口秀欄目錄製中，我曾分別用一個詞形容上海和台灣給我的感受，上海是繁華，台灣是沉澱。

乍看上海的摩登、時髦、國際化讓很多喜愛闖蕩的年輕人流連忘返。快節奏的都市生活，讓很多人還來不及打招呼就已經轉身陌路，有時候只是想說聲謝謝，羞怯地說不出口，一回頭，已經忘記因何心存感恩。

我很喜歡一部分台灣人常說的「感恩」這兩個字，比感謝要厚重。其實台灣人是一直把謝謝掛在嘴邊的，常常一句話說完，總是以謝謝結尾，台灣人自己也常說台灣最美的風景就是人。

初到台灣會被古舊的外表欺騙。舊並不代表破爛，就像長者臉上的皺紋，反而是種閱歷。古舊是因為城市裡有好多年過半百，甚至超過百年的建築。別看這些建築年紀大，但體質好得很。台灣地震多，六、七級地震是常有的，但那些建築震前震後幾乎沒受影響。只是地震的時候，山上別去，怕山崩，畢竟山不是人建的，它有自然界的脾氣。不過哪怕發生了山崩，之後人們的作為就極大程度上體現了當地人的素質。在一些山崩易發地帶，那些山靠近山路的一邊都會被人用綠色的超級大網包起來，山的姿態還傲然可見，卻給了車輛、行人很大的保障。

整個台灣的面積大概六個上海那麼大，差不多三分之一個浙江，但總人口和上海的常住人口差不多，甚至還少一些。台北有點像上海，是台灣的工商業中心，全台灣規模最大的公司、企業、銀行、商店都把總部設在這裡。但是沒有上海那麼發達，更確切地說他比較像上了年紀的上海，也是國際都市，但穩重很多。高雄是台灣南部的經濟及交通中心，有點像深圳。台中有點杭州的感覺，雲端漫步般愜意，很適合生活。

台灣面積不大，這裡北中南之間的感覺和大陸北中南之間的地域差別差不多。就像我們覺得出了上海就是去外地，他們也是如此。台北人沒什麼事兒一般不南下，南部的人一般也不愛北上，覺得台北人不夠熱情，稱台北人為「天龍國人。」台中人居住在中部，去高雄辦事，感覺像出了遠門，算出差。城市人們之間的陌生感不亞於廣州人去了北京，蘇州人去了昆明，西安人來了上海。

台北很熱鬧也非常便捷。除了一〇一大樓，鮮有像上海那樣的摩天大樓。捷運四通八達，去很多景點甚至出站就到，幾乎不用走路。台灣人對於距離的概念和大陸人不同，比如問路，一開始有人回答：「哇，那很遠！」會讓我心裡一驚，可是真的走路，手機裡沒放完三首歌就到了。我想是因為台灣太小了，所以我們認為的近距離在他們眼中已經很遠了。

相反的，台灣人來大陸，總是對我們口中說的「很近」感到困惑。例如有個朋友說他來上海的一次經歷，問人家〇〇地方怎麼走？得到回答：「噢，很近，沿著〇〇路一直走就到了。」結果，那位台灣朋友走了半個小時，他不敢相信〇〇路竟然是一條那麼長的路。

在台北去哪裡都很方便，一下捷運就是淡水碼頭。它以前只是個傳統的小漁港、如今是擁有美輪美奐浮動碼頭的著名景點。在淡水老街，閒庭信步，手裡拿著老街的台灣美食，映襯落日余暉，簡直是活脫脫的一幅漁港風情。

台北西門町是重要的消費商圈，年輕人的必到之地。除了美食，在這裡還可以發掘若隱若現的流行風向標。每到週末，西門町便熱鬧非凡，演唱會、簽唱會、唱片首賣會、各種電影宣傳、街頭表演……電影《向左走向右走》中，梁詠琪尋找金城武的場景就是在西門町；林青霞也是在西門町逛街的時候被星探發掘的。所以，西門町在我眼裡也是個星工廠。

我是做文化創意的，台灣的文創產品真是可圈可點，音樂軟實力尤其強盛。台灣真的是寶島，那麼小一片土壤，產出那麼多高品質的原創音樂，也難怪成為全亞洲向世界輸出音樂的窗口。相對來說，在台灣要見到明星真的很容易，尤其是在台北，週末基本上都能在書店碰到一些作家、音樂人或是剛發行新書的藝人開講座。也正是因為這樣，我覺得自己和明星很近，說不定我也可以成為某個領域的明星。我喜歡這樣的感覺。

汽車旅館在台灣並不是一個讓人需要遮遮掩掩的地方，而是一種文化，摩鐵文化。去汽車旅館只需要把車暫停在門口，搖下車窗付錢登記後，把車開到專屬車庫，由車庫直接進入房間。房間基本具備了星級酒店擁有的一切東西，貼心的是，房裡的自助式小吧台一般都是免費的，供應熱茶、咖啡、能量飲料及小點心。每個房間各有主題，不同風格的主題設計營造出浪漫、情趣、休閒的意境，如古堡傳奇、法式浪漫、外太空、高科技炫動、舞娘、夜上海、小橋流水……，不同的風格有不同的配置，噴泉水池、卡拉OK、觀星天窗、按摩浴缸等等。實話說，我挺喜歡汽車旅館的，因為它絕對私密，自由自在，空氣中彌漫著迷人的馨香氣味，是一個心靈與身體對話的地方。由於好多汽車旅館房間都是一百平方米左右或更大，所以台灣人賦予了汽車旅館更多的功能，如邀一群好友聚會，在房間唱歌，在房間的泳池游泳……

在台灣很容易找到書店，有像誠品那樣文藝氣息很重的，也有大型百貨公司樓上的，是個很鼓勵發展文化的地方。所以哪怕煩惱喧囂的時刻，都有一處洗心之所可以讓你沈澱安靜。誠品令人欽佩的地方就是它不僅是書店，還是結合人文、藝術、觀光與生活機能的購物中心，因書店而生，所以整個購物中心都是靜靜的，充滿了文藝味。

現在大陸的一、二線城市也如雨後春筍般冒出許多文藝氣息十足的書店，這實在是一個好現象。很喜歡週末到這樣的書店來，捧一本書坐在落地窗邊，悠閒地看書，這讓我的內心很平靜。書店裡還有音樂館，琳琅滿目的文具、食品乾貨……關鍵是那麼多東西，一點都沒有雜亂之感，反而錯落有致，那些簡單的東西都顯得特別有氣質。誠品書店裡還有畫廊，我之前在那裡跟美國老師學畫畫，放鬆之餘就可以輕鬆學會繪畫手法，畫出像模像樣的作品。

台灣也有讓我不習慣的地方，如路邊的垃圾桶不像上海的那麼多，有時我拿著空飲料瓶，走好長一段路都看不到一個垃圾桶，只得繼續拿著，直到走進一家店，拜託店員幫我扔一下。雖然如此，台灣的大街小巷卻很乾淨。每天都會有垃圾車在固定時間響著《致愛麗絲》的音樂勤快地駛來，垃圾車一到，居民和店家就會把提前分類好的垃圾交給垃圾車收運。這就是台灣的垃圾不落地行動。我這個外鄉人過了好幾個月，才終於搞清楚垃圾分類這回事。

台灣只有台北和高雄兩個城市有捷運。捷運就是我們常說的地鐵，台灣的捷運有個規定，不能在裡面吃東西。所以如果你有沒吃完的半口蛋糕，無論如何要吞下再進捷運，不然恐怕要拿著那口蛋糕堅持到目的地了。

台灣生活是慢步調的。高山青，天水藍，什麼時候突然興起，就開車到山裡。

它距市中心並不遠，有一個多小時車程。然後在飯店房間裡倚窗泡溫泉、看山、看竹、看天、看炊煙。清晨的空氣散發著芬芳，水嫩嫩的，這時再品嘗些山中野味，人生可謂美滿。

常有台灣朋友感嘆台灣太安逸了，缺少拼搏精神。我認為一方水土養一方人，理解台灣人，要從理解他們的成長環境、文化背景開始。不能說安逸不好，要看自己要什麼。如果要踏實的幸福，可能還是要靠自己奮鬥。是否有狼性，要看周圍都是誰，假如都是狼，大家心態上都差不多，就拼實力和運氣；假如都是綿羊，狼自然會顯得格外突出。

從困惑中找答案，從絕望中找生機

我也遇過很多優秀的台灣年輕人，他們很珍惜來大陸看看的機會，當交換生、實習工作。他們對大陸如今的面貌感慨萬千，所以用更多努力學習拼搏精神。越是缺乏資源，越是珍惜機會。

我曾被一位台灣同學的生活態度打動。那些只在電影中看過的情節，卻真真實實地發生在她身上。母親賭博欠債，被債主追上門潑油漆，跑路了；父親酗酒

> 生命的價值在於你如何使用生命。

患癌，在她讀高中時撒手人寰。她從小與雙胞胎妹妹相依為命。我聽著她若無其事地描述著她的童年，然後她說出一句「我終有一天要出人頭地，讓那些看不起我的人瞧瞧。」她大學時，跟親戚們借錢，去南美當交換生，保證一定會打工把錢債還。因為她相信相比自怨自艾，多出去看世界，多認識些人，多接觸些機會，才是改變命運的正確選擇。

我不知道她現在怎麼樣了，但我相信就像她把自己送進了政大念 MBA，將來無論遇到什麼、選擇什麼，她都會努力找到資源，努力得到她要的東西。

政大的校友情誼非常深，區別於有些名校較多的個人英雄主義，政大顯示出真正的親愛精誠，共享才能收穫，大氣方能卓越。樂於真誠輸出與奉獻，這張大網路自然也在無聲無息中記錄下點點滴滴，在需要的時刻悉數回饋，雖然我並無此刻意期待。

我在過去的文章裡，已經跟大家分享過「五分鐘建立人脈」，這裡不再贅述。其實很簡單，不管在哪裡，在什麼場合，只要自己有才華，總能夠有好的際遇。不必攀龍附鳳，不用矯揉造作，無需虛偽迎合。有心就永遠都不嫌晚。

借用一位微博名人說的話，一個人的一生就是讓自己不斷變得值錢的過程，不斷變得值錢就意味著自身不斷進步。在一個市場化的社會裡，每一個人都有自己的定價，如果你值錢了，討價還價的機會就多，工作的機會就多，升遷的機會就多，讓生命自由的機會也就增多。

如果你既沒考進好的學校，也沒有幸運地被父母送進好的學校，又沒有能力把你的孩子送進好的學校，那麼你必須另外找人脈通道。

你是小白領，期望升職？那就試著多參加一些職業分享會、管理類的課程和培訓、書友會……那裡有很多有上進心的小白領。

你是創業者，希望拓展業務？也許可以試著加入一些創業交流會、峰會，聽聽奮鬥著的人們都面臨著什麼困境和機遇。哪些困難自己已經遇到過了，克服了，可以把經驗分享給別人，獲取好感；哪些困難自己正在經歷，說出來，大家站在不同的角度出出主意，思路開闊了，也許就豁然開朗了；哪些困難自己還沒有碰到，用心記好大家的分享體會，可以讓自己少走彎路。或是去峰會聽聽現在的經濟形勢，成功者的辛酸路，休息的時候和同仁交流一下，也許一些正發愁的點就被理順了，甚至可能找到志同道合的隊友。再或者去展會，看看行業內的動向如何，最近有什麼新品，是不是有哪家公司想換供應商……

你是生意人，需要商機？那就試著去商會……那裡有很多需要商機的生意人。你是賣空調的，他是賣衣服的，你把需要買衣服的朋友的電話留給他，他也會把需要買空調的朋友的電話留給你。做成一筆生意，再請對方吃個飯，有來有往，資訊不斷，水到渠成。

你想要修煉自己，不窩在一寸地裡當井底之蛙，想看看世界上的其他人都在幹些什麼，那可以去一些讀書會，和很多想提升內在的人一起修煉。如果你已經厭倦身邊的電腦族，想要找和你一樣瀟灑走四方的朋友，那你可以去網上發掘旅友，來場說走就走的旅行；或者參加高爾夫俱樂部、紅酒俱樂部、健身俱樂部、舞蹈社、繪畫班……找到擁有共同興趣的朋友們。

交流，在路上；情義，在路上……

美國有一項有趣的調查，社會經濟地位高和地位低的兩組人，在正常狀態下，社會經濟地位低的人對社交較活躍，喜歡去認識更多人。但是，當這兩組人同時接收到他們可能失去工作的信號，一旦受這個信號影響，這兩組人開始構建的社交網路便完全不同。社會經濟地位低的人傾向於接觸更少的人，多元化程度降低，也許只和親密關係者如父母和自己家的狗相處。而社會經濟地位高的人會考慮更多的人和更寬的社交圈，他們認定自己會不畏困難，重新振作。

回想一下，遭遇低落和脆弱的時候，你是怎麼做的？如果是封閉自己，那就會讓自己產生盲點，鑽牛角尖，看不見自己擁有的資源，看不到朋友，看不到機會。

我不覺得自己經濟地位高，但看到這項調查的時候，回憶起自己低潮期做的事情，感慨頗多。那時生活狀態突然發生改變，一段長期戀情終止，發現自己可能需要重新開始，大約有二十天，我完全從臉書和朋友圈消失，不想讓朋友們的關心干擾我本就混亂的大腦和內心。看似好像封閉自己，其實並沒有，當時我做了一件事，現在想來還挺佩服自己。我翻出兩年來收到的所有 EMBA 學長、學姐的名片，一張一張篩選，最後選出五張，一個一個打電話，詢問是否有合作的可能。這個做法和那項調查最後給出的建議頗為吻合。所以，一個人擁有怎樣的機遇，是否有機會翻轉人生，還是要看自身的個性、意願和選擇。

常到陌生圈子走動，會有意外收穫。人脈的前提是有人，窩在家裡的沙發上，當然不可能認識什麼人。你必須走出去，見識多元，開闊視野，尋找同伴，彼此有信念，互相是人脈。

最可怕的敵人，是明日復明日

李嘉誠的紅粉知己周凱旋女士說：「要想成為優秀的人，就應該聰明如狐狸，單純似鴿子。」這句話我非常欣賞，為人處世不正應該如此嗎？做事的時候需要洞察力、眼光、智慧、魄力，但待人方面又要真實、有誠意，不能總是工於心計。這樣，才能得到對方的信任和坦誠。

人脈是種資源，所以要用心投資。但很多人用錯態度和方法就成了投機，一旦被發現，信譽就會崩塌，得不償失。

一個幾乎不聯繫的故人給我發微信：「我現在很生氣，想找個人說說。為什麼有些人，我曾經把她當朋友，什麼心事都和她說，結果她卻當成八卦去和別人吹牛？」

這段話的主人叫Minnie，我的一位初中同學，同校不同班，以前還在玩開心網的時候，她加過我好友。後來聽同學說，Minnie看了我在網上的一些照片分享，向我同班同學打聽，還順便酸了幾句。好幾年之後，一次校友聚會，她和我在真實世界裡結識，說我本人和她想像中的不一樣，希望今後能和我多交流。

雖說多交流，但平時幾乎沒聯絡，畢竟大家都忙於各自的生活，不打擾也是種貼心和懂事。如此突然發微信給我，想必是當真需要我的傾聽，我便關心問她怎麼了？

「有一件事我只和她一個人說起過，今天我卻從第二個人口中聽到，居然還是人盡皆知的樣子。」Minnie把那個女生傳播的對她不利的內容告訴了我。她接著說：「我們從小一起長大，但她每次都出賣我，不是第一次了。以前覺得大家年紀小不懂事，現在看來是改不了了。」

我回答既然這樣，就不要理她了。她說：「但她現在還是我的同事，公司裡也傳開來了。」我沒有再回，因為我實在無暇顧及太多人的生活。

第二天，微信又傳來訊息：「她們兩個的朋友圈我看不到了，被罵的那個可以理解，另一個簡直可笑。」我問怎麼會有兩個？「一個是昨天我跟你說的，另

要想成為優秀的人，就應該聰明如狐狸，單純似鴿子。

一個也是我同事，由於我們是同鎮的，以前就認識。她們肯定在背後講了我很多事情。其中一個可能是覺得我知道太多她的秘密了吧，所以乾脆也把我封鎖了。」

我沒有接她的話，對故事來龍去脈不知也不想深究，沒有辦法接她的話。

後來有一天，一位同學約下午茶，我想著幾年沒見老同學了，正好回上海，就赴約了。到了咖啡廳，Minnie 也在。聊著聊著她突然說了一句：「童，為什麼你的身份證是上海〇〇區的？」然後丟給我一個意味深長的眼神，仿佛在說自己很有辦法的，能查到我的身份證……因為我目前的身份證上早就不是那個位址了，所以〇〇區這個資訊，應該是從系統裡查出來的，我知道有些機構的系統裡還沒有更新。

她眼神中的得意還未散盡，我笑了然後補充道：「哈哈，已經不是那個地址了。其實你所看到的我，就是我本人真實的樣子。所以無論從哪裡得到我的什麼資訊，都不會讓你意外。」言下之意就是我這樣的人，沒什麼好查的。

通過這兩件事，Minnie 的交友習慣可見一斑。

可想而知，雖然我幾年來沒有任何表態，她發來的東西我也多做出禮貌性回應，但心裡肯定不認為她屬於我的朋友範疇。在她眼裡自己對朋友一直很好，朋友們卻個個背叛，都是別人對不起她。我沒有辦法苟同這樣的想法，吸引法則在於擁有什麼磁場就吸引什麼樣的人。你想「關心」朋友，不去正面瞭解，而是背後做小動作，妄想靠抓對方把柄而維繫友誼是不可能的，友誼不是利益交換。

我很怕應付這種人，正如孔子說唯女子與小人為難養也，近之則不遜，遠之則怨。確實如此，尤其是後半句，不禁叫人感嘆。君子坦蕩蕩，小人長戚戚，自己做人做事坦蕩，就不怕被別人抓把柄。一再強調這句話，實為經驗之談，終有一天你會慶幸，坦蕩到沒有人能用任何把柄威脅到你，是一件多麼瀟灑的事。我還想再加一句勸言，千萬別做回不了頭的事。

有一類人既想接近你，又看不得你好。Minnie 可以說是事業、婚姻、交友都在低谷的人，長期呈現的狀態就是不如意。一切就像是連鎖反應，青春時不努力，造就不佳的學歷，逃不開小市民圈子，奉子成婚又不甘心和現在的老公在一起，每天在雞毛蒜皮中蹉跎歲月又無力改變。

我曾開玩笑地對她說，偶爾看看勵志書挺好的，雖不一定有實際上的幫助，但也許會讓生活有新的靈感。我只是覺得若想擺脫令人不滿的現實，唯一的途徑就是先把自己修煉好，找對方向再去努力。誰知她答：「唉，我還要帶小孩，哪裡有時間看書。」

從前她在網上做了一份「什麼行業最適合你」的測試，測試結果中有一項是作家，於是截圖給我說：「我不去當作家真是太可惜了。」我也只能嘆氣，覺得可以就去試，**只做言語的巨人，卻是行動的矮子，到最後也只是浪費生命。**

想到就去做的執行力，是通向成功的起點。自律的敵人是明日復明日。

該嚴格時不放過自己，該寬容時也不為難自己

人脈只是外力，芯是自己。許多事情沒人能幫你，如個人修煉。而在修煉成功之前，有人想幫都無能為力，甚至恨鐵不成鋼。

你有許多出版界知名的朋友，他們願意幫你出版和宣傳，但是寫書本身要靠你自己。寫書的過程沒有外人以為的落筆成章，從框架到邏輯，從表達到案例，無不需要靜心和燒腦。創作不是容易的，可什麼事是容易的呢？

墨子攻經過一個月的閉關，拿到高級基金資格，即將成立私募基金，增加他財務集團的各業務線。那個月，他工作之餘的時間都在閉關，放棄各種吃喝玩樂，直到考完出來那一刻，打電話告訴我，才開始呼朋喚友慶祝。可見，他真的具備內在紀律和自控力。

這不比學生時代的考試，什麼都不用做，專注複習和備考即可。成年人的閉關，是在工作的疲憊與辛苦之餘，犧牲空閒時間，而有些人的空閒時間也並非自己能掌控的，如被塞滿了數不盡的應酬。所以，這裡的閉關還包括自制力、專注力、對時間的管理以及對非必要社交的拒絕。

對墨子攻來說，金融、遊艇方面的人脈和資源已然非常深厚，但別人在導入之前，自己也要具備接收的條件。就像有人要倒給你一杯八二年的拉菲，但你只有紙杯，人家便無能為力。倒在紙杯裡給你，你品不出拉菲的口感，也是白白浪費。

比你優秀的人，比你還努力。努力變得更優秀，在更優秀的圈子，主觀和客觀環境都要求他更努力，於是變得更優秀……

有人閒暇時間都宅在家裡看韓劇，大結局哭兩次，關了電腦，出了門，跟你吃飯，說想換份工作，問你能不能推薦一下。有人一學期都在玩，上課睡覺，從來不知道從圖書館的落地玻璃窗看出去的風景有多美好，考試前臨時抱佛腳，考了五十九分，踏破教授的門哀求可不可以讓他及格。

早知如此，何必當初？

患上拖延症？知道自己習慣拖延，一下子生不出十萬字，可以每天寫一點。村上春樹寫書四十年，為了專注，常旅居海外寫小說，逃避國內不必要的社交，以及媒體和粉絲們的打擾。他規定自己每天寫四千字，完成才可以下班。

累積的價值往往在實踐中被忽視，這方面的經驗可以分享一下我寫研究生畢業論文和寫這本書的感受差異。對於畢業論文，我在研一下學期的時候基本上就確定了研究方向，相當於有一年的時間可以用來查閱文獻、與教授討論、列架構、做調研……然而，我什麼都沒做，身上帶著一本女性創業的書，像模像樣地飛到法國再飛回來，只翻看了十幾頁。

前期懷揣著對論文的愧疚，最後三個月變成了焦慮，我該怎麼辦？面對可能會延遲畢業的窘境，只能放手一搏！於是，那三個月，我幾乎沒做別的事，每天熬夜寫，最終寫出了一本了「若更早投入時間做好準備應該會寫得更好」的論文。我不敢想像再經歷一遍，每每回憶，都慶幸自己終於熬過了。

寫這本書的計畫在我出版第二本書後就萌生了。雖然拖延症一直無法讓自己靜坐案前下筆，但第三本書很快會出來的念頭一直在心中，所以一旦生活中有素材，便隨即記錄在手機裡。當然，我也偶爾會把這個念頭對外宣布，於是讀者粉絲們常期待這本書在當年會發，結果我幾次悄無聲息地修正了「很快」的定義。

當我真正伏案寫作時，本以為是個巨大的工程，像再次把自己架到了半山腰、上山吃力下山也不容易的境地。誰知只整理了一遍素材，居然已有六萬字，彷彿已經完成一半般驚喜。雖然這六萬字後來被狠狠地精修到四萬字，但這已經比從零開始生產要快多了。那些零零散散的隨手記，變成了一本書的基礎，真是從量變到質變！

截稿日最能催化生產能，為了讓自己的能量得以激發，在寫到差不多八萬字時，與出版社簽約，定出準確完稿日期，讓自己沒有退路，借助外力克服拖延症。「早知如此，何必當初」這句話，我還要問那些個人發展受阻時歸咎於資源受限、無人伸援手，卻不從自身找原因的人。

學歷這件事，我知道一旦拿出來說，肯定會招來許多相左的聲音。首先，我承認學歷不代表一切，高學歷一定如何，低學歷一定如何的偏見肯定是不對的。其次，要說明一下「或然率事件」和「被選擇」。

對於初創專案，創投圈的商業模式會隨著驗證變化，一開始，投資人在挑選創始人時是有潛規則的：

(1) 看學歷。學歷，代表學習能力和校友圈子。

(2) 看經歷。待過什麼樣的企業，做過什麼項目，有沒有帶過人。原因是這代表投資人投資你，你會不會花錢？會不會亂花錢？會不會精準花錢？

除了看學歷、經歷外還要評估很多方面，但學歷至少反應出一個或然率觀念，就像《邏輯思維》有一期說到專業和業餘的區別在於核心觀點，一個領域的專業人士不見得水準能比業餘能高出多少，關鍵是穩定發揮。就像一個高水準的大夫，不是說他能治好其他人治不好的病，而是在於他的治療效果是穩定的、可以預期的。專業人員背後的所有訓練，都是為了達成這個目標。

曾在微博上看過一位創業明星說：「八〇、九〇後的年輕人裡，學歷特別高而無能的，一定有但是機率小。學歷特別差而能力強的，一定有但是機率更小。」

我曾遇到過這樣的調侃：「拜託你別在我面前烙英文單詞，我學歷不高，聽不懂。」你學歷不高，思維邏輯和處事能力與大家有落差，就應該去想辦法精進學習；你英文不好，聽不懂老闆和同事們的表達，就應該去想辦法練習英語聽力，或者虛心求教，請大家解釋給你聽，而不是讓大家配合你。

有這樣一則新聞，一位因撤銷收費站而失去工作的收費員說：「我今年三十六歲了，我的青春都交給收費站了，現在啥都不會，也學不了什麼東西了。」世上總有工作崗位會被淘汰，只有自己學著不被替代，為自己增加價值，才會有更多保障。

若是對自己能力的要求，能像對職位以及薪資的要求那般有野心，可能才會真正消除野心與能力之間的落差，長此以往，能力與野心匹配了，自然會到達一個平衡點。當能力超過野心，野心會增長，尋求更能施展的舞台。當能力配不上野心，要不降低期望值，要不只能黯然離開。

Chapter

4

將積極的行為轉變成習慣

很多時候所謂的天才，不過是在別人看不見的地方仍然堅持自律。一旦習慣成為根深柢固的東西，就不需要投入太多的毅力，找到適合自己且能讓自己變好的方式，堅持下去，它會帶來巨大的改變。

選擇：資訊世代，最重要的能力是刪繁就簡

一、不被情緒操控

「我覺得他的態度讓人很討厭。公司的一位前同事在電話裡抱怨。」

「他不願意幫忙處理？」

「他願意，只是超愛擺譜。」

「願意就行了，快放掉情緒，處理下一件事。」

沒必要糾結於情緒，你勉強別人花時間和精力幫忙，對方也幫你解決了問題。他態度好，幫了你，你心存感恩。他態度不好，幫了你，你還怨。他幫忙的行為已經發生，已經付出，他態度不好，吃虧的也是他。

一件事被你用各種方法處理完畢，應該是高興的，如果因別人的態度影響了你的情緒，耽誤了下一件事的效率，這個時候，吃虧的就是你了。

有些人很需要身份感，態度居高臨下，但那是他的事。他實際做了對你有利的事還是對你不利的事才與你有關。

有人堆著笑臉卻拒絕了你，有人罵罵咧咧卻幫助了你，哪個是你該感恩的那一個？所以不要被情緒影響，情緒是一時的，也許他在忙，也許他在焦慮，也許他剛生完一場氣。重點是，他到底是拒絕了你還是幫助了你。

二、行為才是真相

觀察一個人，不要聽他說了什麼，要看他做了什麼。因為說話是沒有成本的，行動才是有成本的。

嘴裡說著我們都是一家人的人不一定真心這麼想，比如有一個企業主，總把「我們是大家庭」掛在嘴邊，行為上卻不把員工利益當回事，能壓榨多少是多少。他的公司員工流動率非常高，留不住人才。因為當人才還沒進公司的時候，那位企業主覺得該人才真是寶貝，當人才出於對產品的看好及考慮到與一些高管的交

> 自律是可以克制自己的情緒而讓自己行動的能力。

情願意進公司任職，企業主便不覺得那人才有多難得了。其實這反應了一個潛藏心理，一個企業主如果總是覺得外面的人比自己公司的人好，只能說明一點，他骨子裡覺得優秀的人是不會去他的公司的。

說的能夠比唱的好，而行為才是真相。她說她不怕曬黑卻在晴天打傘，他說他很愛他女朋友卻發了長長的曖昧資訊給你，這些言語都不是以證明他是怎樣的人，行為才能說明一切。

三、理由不重要

「西西，你問問看Y老師那裡可不可以辦證照？」西西打完電話回覆說：「Y老師說不能辦，因為那個證照現在都不能辦了。」

我回：「前兩天我還聽朋友說他剛辦完。Y老師的話，你只需要聽懂『那裡不能辦』這層意思就行，不用聽理由。因為如果他拒絕你，他不一定會直白地說他辦不了，他會告訴你其他理由，以表明不是他的能力或者他的意願問題，但你不是那個領域的，無法驗證那理由是否真實。所以，聽結果就行，理由不重要。

如果你信了這個理由，就意味著不會再去求證，也就是放棄。你再問問其他機構，看誰能處理？」

一個人沒有成功完成一件事，理由不重要，那理由可能是說給外人聽的，也可能是說給自己聽的。但是不要對說給別人聽的理由信以為真。你無法跟別人說，你把沒拿到一筆訂單是因為自己談判時沒發揮好，所以找了個理由說客戶短期不需要。這讓你度過了眼前的「被質疑」與「被處罰」，然而，要長期生存，你還是要靠學習好的談判能力。因為事情的結果不會永遠陪你演戲。

四、原因很重要

別人無法做成的事情你做到了，是什麼原因？

別人大部分都能做成的事你卻失敗了，是什麼原因？

找原因是分析能力、歸納總結能力的修煉。

一位企業老闆困惑地問我：「明明我們擁有那麼好的產品，為什麼沒有人買？」

那麼多年他一直在變，產品不斷修改，還沒正式向市場推出1.0版本，就已經改版四、五次，所以市售的產品版本繁多、功能不定、品質不穩。不願在品牌推廣上花錢，工程師出身的他，無法理解品牌的意義。然而，實際推廣產品的過程中，是無法避免推廣品牌的。於是，他每次花一點，但始終是蜻蜓點水，沒起到什麼作用。而這一點一滴的開銷累積起來，數目卻已經不小。

這就好比有些女性的心態，捨不得買好的護膚品，瓶瓶罐罐的便宜貨放滿架，加起來的錢其實可以買好幾套高檔保養品，但皮膚的健康卻已經被廉價產品帶來的安慰心理給犧牲了。

當時我問那位企業老闆，有沒有什麼流行的產品，是你叫不出它的公司名也叫不出品牌名的？這樣的所謂智慧產品，同行要用低成本模仿太容易了，是不是？如果那家知名的對手公司要出同樣的產品，是不是很容易？他們不行動，是覺得市場不好還是覺得根本不著急？因為就算你拿兩三個億的實踐證明了市場很好，他們隨便出一款，是不是立刻就搶過來了？因為他們有很強的品牌知名度，是不是？

他說：「那家知名的對手公司已經推出了類似產品，但是沒有做〇〇功能。」

我接著問，那你知道他們為什麼不做〇〇功能嗎？是覺得根本不需要還是先不做，如果覺得不需要，那又是為什麼？我知道當我說出這句話的時候，你的團隊中肯定有人要拿亞馬遜CEO說的「別總盯著競爭對手」那句話來回擊。但是，人家說這話是有前提的。而且，瞭解那家知名公司為什麼不做什麼，有意義的地方不僅在於競爭分析，而且在於你們通過瞭解他們的思路而免費得到了市場情報。我們都瞭解一個企業活下來以後，若要再長大，它的選擇往往不是它多做了什麼，而是它不做什麼。有時，追溯原因的過程，是為了找到行為的邏輯。

任何人、事、物都是動態變化的，包括門口那棵大樹，更何況競爭態勢。我曾操盤過一個項目，一個月後，原本的掌舵人一直以為他還是老大，殊不知一個月可以發生很多事，局面早改變了。

一些知名人士今天講了什麼跟你並沒有多大關係，知道在什麼前提下講了什麼才比較重要。斷章取義即是邏輯不嚴密。很多人閱讀都只看一半，甚至一半都不到，抓到自己想看的一句話，也許只是標題，就用自己的理解填充完了全部。那樣的閱讀方式到底是長進還是會拖垮思維呢？

五、抓重點

抓重點代表掌握時間效率和精準使力。

你願意為了什麼掙扎，忍受挫折、失敗和痛苦而不放棄？或許這才是人生樣貌的決定性因素。

有的時候做成一筆生意的關鍵，不在於你找到了對方公司的老闆，而在於你是不是找到了關鍵人。

你研發產品，希望在現有會使手酸的鑽孔機上進行改良，生產出一把使用多久都不會手酸的鑽孔機。待研發成功，售價一百元，卻發現沒人買。因為人們有了一把十塊錢的尖頭儀器，可以在多種材質上鑽出孔來。你做了白功，因為搞錯了重點，人們需要的是孔，而不是鑽孔機。

抓重點在於清楚「需求是什麼」和「如何得到」。

曾有男士問我一位女性朋友：「你對我不是喜歡吧？只是征服欲。」朋友與我喝著下午茶，說起這件事，把剛拿到嘴邊的馬卡龍放下，哭笑不得地對我說：「我是一個過了三十歲的女人，期待在三年內有一個自己的寶寶。每天工作忙到爆，征服欲？我哪有空。征服一個不喜歡自己的男人？意義是什麼呢？這和我要的相違背啊，因為我要的就是一個喜歡我的人啊。你覺得我是會花時間和精力在無謂的征服欲上的人嗎？」

我曾在一場演講中，回答同學們關於「女性領導者如何在面對困難時保持信譽和沉著」的問題，話題延伸展開，講了女性在人生和職場中可能會面臨的誘惑，也說了我的選擇。如果說年輕時有很多犯錯的本錢，還是那個建議，至少不去做那些回不了頭的事。

有人拿誘惑當藉口，如犯了錯的男人會把罪過推給酒後亂性，但邏輯是不通的。明知道有可能酒後亂性，為什麼要去喝那杯酒？許多你認為不可能做到的事情，對那些自制力極強的人來說都是可能的。他們清醒，該追求的不猶豫，該克制的不放縱。

如果你對未來還有要求，倒推回來，也許你不知道自己現在該做什麼，但至少你要知道自己不該做什麼。因為你對自己有要求，你對未來有要求。

漫長人生路散列到日常的每一天，需要抓重點。當然，並非要大家不去欣賞沿途的美，在美好事物中陶醉沉浸本就可以當作一個重點。所以哪些不是重點？個人覺得，是那些無法增值的事，如高速上偶遇喜歡與人賽車的少年，對你豎起中指說：「會不會開車，跟龜速一樣。」你居然大飆髒話，還真的開始加足馬力……又如你明明多看一遍資料，就可以輕易通過明天上司的測驗，可你偏偏帶了小抄……再比如你只需要花十分鐘就可以幫助別人，卻花了半小時跟對方解釋你很忙……

每個人的時間、精力和資源都是有限的。例如，作為創業導師，你面前站著兩個人，一個是天生的創業者，需要花一百萬元幫他渡過難關；另一個完全沒有創業者素質，他需要十萬元實現從零到一，該選擇幫助誰呢？當然是前者，因為你知道，這一百萬元花下去，他的彈跳會更高。而那十萬元，一旦投資了，十有八九等於扔掉。

不把時間浪費在不重要的人和事上。你是否知道自己要什麼？怎麼得到？哪些人在這個過程中是關鍵人物？哪些事情才是重點？

六、說重點

Hannah 給 Parry 打電話：「我跟你說一件事，就是本來不是定了你在一點半開始給新任部門經理培訓嗎？現在……喂？喂？我聽不清……」訊號斷了，她重新打了一遍：「喂，剛才斷訊了，現在能聽清楚嗎？好，是這樣的，不是本來定了你在下午……喂？喂？哎喲！又有雜音了，算了算了，我發訊息給你好了。」

她掛了電話，Parry 估計是沒聽清後面的話，便撥了過來，Hannah 又說：「噢，剛才信號太差，本來打算給你發短信了。是這樣的，剛才是想跟你說關於今天下午的培訓，本來你的時間不是定在一點半嗎？現在是這樣，Kiki 下午有重要的客戶要接待，他給部門經理的培訓改到二點，所以要麻煩你中午早點吃飯，因為你的時間改在……喂？喂？你的手機有問題呀，又有雜音了，真是的！」

電話又斷了，Parry 再次撥過來，她終於在手機雜音出來之前把話說清楚了！這是真實發生的事，整個過程被我聽得一清二楚，我跟 Hannah，等了十分鐘，才聽到你說出重點。

就像電視劇中常見的情景，一個人受重傷，臨死前說：「殺我的人是……殺我的人是……殺我的……呃……」最終也未說出兇手的名字。很多人講話都是如此，開場說了很多，但就是說不到重點。

Hannah 在一打通電話時就應抓住重點，直接說：「不好意思，下午你的培訓時間改成一點，麻煩提前做好準備。」大家都很忙，沒時間聽你的鋪陳，所以請說重點。

從容：慢慢來，有時比較快

一、要相信專業

你沒上場，最煩的卻是你。曾有位民營企業老闆，每天都很忙，指導程式師如何程式設計、指導市場部如何寫文案、指導設計師如何畫出好的產品圖……後來，CTO（首席技術官）走了，市場總監走了，首席設計師也走了……

如果劉邦不善用人才，讓人才發揮專長，什麼事都自己來，那應該很難成為漢高祖，倒是很有可能被累死。

用人不疑，疑人不用。這個不疑指的是不懷疑他的人品，也不懷疑他的能力。因為用不用這個人，是前期的工作，應在選人時做出判斷。而選定以後應該有一定範圍的放權，讓他在總體戰略下充分發揮才智。如果他沒有做出讓你滿意的事蹟，只能說明你沒選對人。此時你可以選擇留用但讓他接受更多訓練（假如他是可造之材），也可以選擇換人。

觀棋不語真君子。你不是他，不知道博弈者的真正路數。指導前可以先問，也許聽完答案之後，你就覺得之前是自己淺薄了。

為了不顯出自己的淺薄，帶領團隊時，在我瞭解的他們的能力範圍以內，一般我最常說的是「聽你的」三個字。我每每一說完這三個字，聽話者的眼睛會立刻閃起光，彷彿受到莫大的信賴、尊重和器重，接著會超預期地完成任務，以不辜負期待。但要注意，前提是「在我瞭解他們的能力範圍以內」，因為對一些能力實在不足的人放權，可能會把你和他都毀了。相較於什麼都要管，和誰都要較勁，對自己招募而來的人才都要指手畫腳的管理者來說，我可以說是非常懶，能辦好就交給你；辦不好要早點說，大家一起想解決方案。

當然我希望別人對我也是如此。我對合夥人常說的一句話是：「我們要互信，即彼此相信對方的智商、情商、能力、品味以及態度。」有這層互信存在，可以免掉不少唇舌解釋，因為解釋耗時耗力，而且可能很難解釋清楚。有人說被誤解是表達者的宿命。互信能夠彌補許多因表達不足而引起的誤解。

二、別著急發表意見

兩年學說話，一生學閉嘴。和別人討論問題，要不要先開口？我這麼問，你們肯定會回答「不要」。

但實際上，你真的能做到不先開口嗎？很多人都喜歡大談特談自己的觀點，非得把對方說服不可。我之前帶領團隊成立品牌，其中大大小小的策劃方案、行銷創意在腦中成形時，就算已有了很棒的點子，也不會先開口。因為我是負責人，我的想法可能會影響到團隊的思路和創新。先讓團員暢想暢言，也許他們能帶我發現新大陸。

說話就像下棋，先下的那個人既搶佔先機，也暴露思路。選擇搶佔先機還是避免暴露思路線，得根據自己的能耐來決定。

一次和中歐商學院的師生們晚餐，許多同學互相都不認識，自我介紹的時候我出去接了個電話，錯過了這個環節。後來一位 EMBA 學長給同桌的 MBA 學弟、學妹們分享起創業心得，說到有感觸的點，我忍不住發出共鳴「是的」。他詫異地轉頭看我，然後回過神繼續，話題延展開去，有一位MBA學弟需要投資說明，我想到正好有朋友可以幫忙，就回應他這部分可以怎麼操作。EMBA學長再次看我，故做驚呼狀：「啊，我最怕你這樣的人了，像個什麼都不懂的高中生坐在那裡，居然一開口就要嚇死人。」當然學長是謙虛的玩笑話，我也並沒有厲害到能嚇到他，他只是表達了一種現象，在還沒有搞清楚在場的人有誰之前，先不急著說話。

還有一些人自帶熱場功能，一遇冷場他們就想搶救，其實並非所有場合都需要熱。比如歷史上的鴻門宴、杯酒釋兵權、煮酒論英雄……還沒搞清楚場合的主人是誰、場合的目的是什麼，一動不如一靜，有些場合要的就是那種隱形的大俠。

除了別著急發表意見，也別急著下定論。我很怕別人在不瞭解事情來龍去脈的情況下，對我做出判斷和評論，所以在充分瞭解一件事前，我也不會妄論。充分瞭解一件事，未必是瞭解它的全部，而是正確掌握能夠對事態做出判斷的關鍵資訊。我也不太喜歡給別人或對別人的事定調、下結論，除非當事人將事情全盤告知，請我給予建議。

好幾年前聽過一位朋友的苦惱，當時他想換工作。我詢問原因，他說了這樣幾個場景，作為剛進公司兩個多月的員工，參加了一個討論會，輪到他發言時，經理顯得不怎麼情願聽，總是跨過他聽別人的觀點，眼神也鮮有停駐在他身上。

他去敲一位同事辦公室的門，剛進門一打招呼：「Hi，Mike……」還沒等他說什麼，Mike的表情立刻繃緊，微微皺起眉。在隨後的溝通中，儘管他表明來意，但Mike還是對他說的每一句話都有隱約的抵抗，一副「你懂什麼，我真的好忙，拜託快點說完」的表情。

是的，他們在他講話以前，已經先入為主有了「這樣一個新人一定懂得不多」的觀念，自然沒有耐心再聽他要說什麼。這種情況的產生往往不是對方太自信，就是太不相信你。

結果幾個月後，他居然沒離職，原因是在一次項目研討中，從新加坡來的亞太區總監逐一聽取各部門的建議，這位朋友的見解有充分依據支撐且經過嚴謹分析，從其他那些不痛不癢的觀點中脫穎而出。由此可以看出，管理者至少應該給他人一次機會，仔細聆聽。

三、說話做事前，先搞清楚狀況

有一次去參加會議快遲到了，因路上塞車，又叫不到計程車，便去搭地鐵，朋友讓他司機到地鐵口接我。司機找了二十分鐘找不到路，很是氣憤。接到我後，回頭看了一眼，見我素顏，穿著休閒裝，背個雙肩包，便開始發脾氣，問我為什麼不走到另外一個出口等。我淡淡地說：「專心開車，不要說話」。司機更氣憤：「我不能說話？那你滾下去」。我便閉目休息，不予理會。開完會回程時，準備上車，朋友下意識把他的主人位置讓給了我，自己繞到左邊上車。司機再也沒說過話，也不敢回頭看我。

有一次去北京出差，有個「深刻群」聚餐，那時我還是新人，對群友們不瞭解。餐桌上聊得很熱鬧，友人問：「你之前兩本書是什麼出版社出的？」我想了一下，那兩家出版社都挺知名的，便開玩笑般地脫口而出：「說出來嚇死你們」。結果全桌人哈哈大笑，因為坐在最邊上默默吃著麵的友人，就是中國最大的線上圖書商城的聯合創辦人。自那以後，我在群裡多了個綽號叫「嚇死你」。當然朋友們並不會真心嘲笑我，只是開開玩笑。

老同學 Cherry 在一家外企的基層崗位工作，人很單純，經常犯迷糊，還容易對事物過度解讀。同學聚會時，她講述了部門同事 Ada 的故事，還不客氣地

> **實踐是個偉大的揭發者，它暴露一切欺人和自欺。**

冠以刺耳的稱呼。

「Ada很精明，只挑對自己有利的說。上班路程明明只有十五分鐘，硬說要半個小時。」

「Ada老是踩著我們突顯自己。」

「Ada老是說自己忙，我看她一點都不忙。」

「我覺得跟Ada要好的人都不太喜歡我，你們說這是什麼道理？以前不是這樣的。」

總之，從Cherry的說法看來，Ada陰險，總是在背後搞事情，有時會暗算她。可不知為何，同事們都那麼喜歡Ada。而她卻在公司發展無望，正在找新的工作。

我問：「你得罪過她嗎？」Cherry回答：「樑子是當助理的時候結下的。我是二〇〇九年畢業的，從二〇〇八年開始在公司實習，那時我們二個人都是助理，而且同年，互相在競爭。我當時一心想被留用，所以有時候難免搶些風頭……」

她繼續說：「她二〇〇九年畢業就轉正職了，而我在畢業一年後，也就是二〇一〇年才轉正職。」

聽到這裡，我大概懂了。樑子可能不是做助理的時候結下的，而是轉正職的時候結下的。至於到底是誰把誰當眼中釘，也無須我再多言了。

她繼續倒苦水：「二〇〇八年、二〇〇九年市場經濟不佳，當時人事凍結，她等不及，去找高層，一個大專文憑居然就轉正職了！後來我才知道，原來那個高層是她的親戚，怪不得之前我跟主管說她工作出錯，主管都沒有說她！以前老闆覺得我常惹麻煩，肯定是她總在老闆面前說我。我剛轉正職的時候天天加班到十點，麻煩事情當然多了。」我聽完很驚訝：「你樹敵之前，也不先搞清楚對方是誰啊？」

她搞不清狀況的表現還在於，陷進了不平衡心態裡，人家其實根本不拿她當對手。

我：「你畢業後還繼續在那邊實習？」Cherry 回：「實習了半年也轉正職了。所以她恨死我了，機會好得讓她嫉妒。」

我：「不同職位？」

Cherry：「一樣，不過我是本科畢業。」

我：「職位一樣，那她幹嘛恨你？」

Cherry：「她轉正職半年就升職了，大家都很驚訝。好不容易高我一階，可以差遣我了，可我轉正職後沒幾個月，又跟她平起平坐了。」

Cherry 描述的主觀意味和個人色彩太濃了，我當下勸她眼光放高，不要總把注意力放在 Ada 身上了。你對手的級別決定了你的級別。為了不戳破她其實活在自己豎立假想敵的事實，我便順著說：「別管 Ada 了，她要是一直盯著你不放，也太幼稚了。她要是有腦子，應該把眼光放在更高的位置，外企薪資福利都跟級別有關。否則只會一直停留在繞不開的基層裡，根本走不出、跑不遠、爬不高。」其實這話是說給 Cherry 聽的，不過她並沒有明白。

四、管住嘴

看過我前幾本書的朋友知道，我不喜歡的人有三種，常抱怨、包打聽、廢話多。前兩項大多苦的是自己，而廢話多波及的是別人。碎嘴會讓人忍不住想把封條貼到他們嘴上。

一句話傳過十個人肯定面目全非。如果明知道轉述會走樣，更何況說法源頭還不一定對，為什麼要加入謠言傳播者行列？若那消息對你有影響，難道不應該成為求證者，讓謠言止於智者嗎？有時我寧願相信，傳謠者要不是意識不到利害關係，就是別有用心。

我在之前投資的一個項目中，曾因為一位高階主管碎嘴的習慣找他談話。他任意揣測股東們的心意，聽風就是雨，還把片面聽聞加上自己的理解傳播給其他員工，造成軍心不穩。

為了讓他徹底改掉這個壞習慣，我立下鐵規：「你以後只需要把聽到的內容原封不動地告訴我，不要加任何自己的分析和判斷，也嚴禁傳給其他人。因為，我在這個位置，資訊來源比你多，我會整合所有資訊，得出我自己對事情理解的結論，不需要你的邏輯來影響我。」

還有的人講話不經大腦，喜歡信口開河。

「請問〇〇咖啡廳怎麼走？」我下了計程車，司機說已經到了目的地附近，開不進去，巷子裡得靠自己走。於是我邊問人邊找路。

路人很友好，想都沒多想，篤定地說：「往左邊，一直走。快到底的時候你再問問別人。」我踩著高跟鞋，走在小石子路上，找了大概十分鐘還沒有找到，約了人快遲到，腳已經磨得疼，遇到人又問，路人答：「不在這邊啦，你走反了……」

我當時的心情是苦悶的。如果一開始那位路人沒那麼篤定地指路，我可能還會找其他人詢問，哪怕他直接告訴我不確定、不知道、不想說，也不至於讓我白走那麼多路。

特別篤定地說出一句並不篤定正確的結論，結果真的比直接拒絕還糟糕。說者無意聽者有心，聽者沿著錯誤路線繞了一圈，還得折回來，時間和精力已經浪費，真是啞巴吃黃連。

記得在第一家公司的時候，有一年的年會交由我辦。各個環節都安排好了相應的負責同事，唯獨少了攝影。我當時沒經驗，認為拍照很簡單，就去詢問一位實習生願不願意幫忙，她自信滿滿地答應了。整場年會，用最少的預算呈現出了最好的效果，在主桌的從德國飛來的全球 CEO（首席執行官）、CMO（首席行銷官）都對年會讚許有佳。年會結束，我非常期待地奔向實習生，打開相機翻閱照片，內心不禁一陣失望，沒一張能用的，一抬頭，卻發現那位實習生正笑嘻嘻地看著我……我只能怪自己。

這也是好事，有了這次經驗，以後我對於任務的分派更加注重前期能力的認定，尤其是對於那些無法補救的任務，如活動拍照。

「Kirsten，去體檢前需要先打電話預約嗎？」

「不用。」Kirsten 非常自信地回答我。

「你確定不用嗎？」我懷疑是不是我記錯了。

她非常篤定地說：「不用。」

五分鐘後，她查了郵件又來告訴我：「噢，要的。我幫你預約。」

「Fanny，你去問問看，辦理〇〇手續，需不需要本人到場。」

「需要的。」

「確定？」

「確定。」

因為我感覺本人到場十分麻煩，所以要求她再確認一遍，在什麼樣的情況下，可以無須本人到場。結果得到的答案是，出示身份證明證件和授權書即可。

不需要你說話的時候總是搶著說。需要溝通的時候你又懶。這是很多職場新人的大毛病。

一位學姐管理公司時遇到員工請辭，通常會請這位想離職的員工給些對公司的建議，也鼓勵他們說出真實的想離開的理由。發現十之八九跟人的相處有關係，多半是因為覺得跟平行單位或上級相處不來，所以認為自己並不適合這份工作。

真正可惜的事情是，有才幹的人對於自己所面對的人際問題卻沒有解決的能力。他們可能充滿智慧與衝勁，但遇到和人溝通的挑戰，不知為什麼總是放棄地都很快。詢問他們原因，得到的答案常是，「為什麼一定要溝通」、「我又不是主管」、「我不想說」。他們用這種消極或負面的態度來應對自己面臨的考驗。

人活於世，每天都需要與人打交道，如果一味逃避社交、逃避溝通，智慧是真的沒辦法變成真正的能力的，你以為你是主動離開的，事實上你是在物競天擇的情況下被淘汰而不自知而已。

溝通本來就分為對上、對下及平行等幾種，沒有一種是可以缺少的。如果覺得對的事，注意自己的態度，勇敢地去做向上溝通，或輕聲說重話地向下溝通，或真誠沒芥蒂地平行溝通。真的沒那麼難，試過幾次沒效果，就該試到成功為止，才算是學習到這門功課了。

五、提前準備，做好規劃

複述對方的表達，可以提高溝通效率，這確實能讓整個溝通流程增加許多效率。很多人在聽到一個指令的時候，通常會回答好的，沒問題，然後便開始行動。方案做完提交後，才發現對方要的不是這樣，於是做了白功。

為什麼當聽到指令的時候，不花點時間確認內容，看看雙方的理解有沒有落差。前期多了這個步驟，雖然顯得囉唆，但總比在還沒有確認完全理解前，就花費時間、精力和機會成本，去做一件可能不對的事情要好太多。

前期的確認雖然看似囉唆，浪費時間，但對比方向錯誤、南轅北轍造成的浪費來得划算。而且，你複述一遍別人的話，除了幫自己確認是否明確提高圓滿執行的效率外，還能讓對方感受到被重視和尊重。因為有時我們以為自己理解了，但對方表達的可能是其他的意思。溝通與理解不是容易的。並非人人都能表達清楚自己真正的意思，也並非人人都能聽懂別人表達的意思。

在前期仔細一些，避免粗心，多檢查一遍，總好過做到最後才發現前面步驟有錯，必須花費時間、精力和資源重來好得多。補救是需要成本的！

我特別怕聽到下屬說：「啊，我沒想到」、「啊，我忘了」、「啊，這事我疏忽了」遇到這樣的下屬，類似的話超過三遍，我就會考慮他的去留問題。

知道自己記憶力不好，就要學會隨手記，卻偏偏懶得記。

知道自己轉身就會忘，就要隨手處理，卻偏偏不及時處理。

知道自己時間管理能力差，就列出所有要處理事項的輕重緩急程度。既緊急又重要的事，放在第一位優先處理。重要但不緊急的事，早點規劃起來按照計畫逐步實行。如果一直擱置，到了接近截止期限，就會變成既緊急又重要，拖延症者時間管理不當的結果就是讓自己非常忙碌。

緊急但不重要的事，授權別人去做，不要什麼事都想自己做，不要抱著與其花時間跟別人交代不如自己完成的心態，也許當時你的事情很多，但別人正好有時間。對你來說，此事的優先順序很低，要把排在它前面的十件事辦完你才會來考慮它，但對別人來說，聽完你的交代，可以立刻處理完畢。如果沒交代下去，結果當你處理完第九件事時，突然插進來新的重要事項，那件緊急但不重要的事就又會被耽擱。最後，要學會拋棄不緊急也不重要的事，盡量不要浪費時間。

在職場中，缺乏時間管理觀念的人很多。如果沒有造成實質的負面影響，不

必過分追究。若因為改進不了的理念缺陷、能力缺陷、處事邏輯缺陷，導致工作量積重難返、工作效率不佳、工作品質低下，耽誤整個進度、損害多方利益……那就不是可被輕易原諒的「不小心」，而是需要承擔責任的嚴重大問題。

精緻：用經驗添加生命風采

當女孩子生氣的時候，男朋友怎麼勸？

我們常聽女生抱怨「那個人怎麼能這樣呢？」

男朋友哪怕心裡覺得女朋友也有錯，但當下要和氣頭上的女朋友講道理嗎？如此，女朋友恐怕會問：「你到底站誰那一邊？」然後當下把男友也列在敵對方。

男朋友如果表現得更生氣呢？「是啊，那個人怎麼能這樣欺負人，而且欺負的是我女朋友，不能忍！」女朋友一聽，多了個認知和情緒上的同盟，可能就舒緩很多，看到你氣呼呼的樣子，也許還會反過來安慰你，讓你消消氣。至於道理和是非，可以等大家都平靜的時候再討論。

同樣地，如果有人罵自己呢？遇到網友攻擊，反擊回去？

以前大眾無法直接觸及明星，頂多對著電視機、收音機謾罵，這些回饋大多被經紀人消化掉了，明星被隔離般地被保護和尊崇著。現在網路發達了，明星們有了自己的微博，直面大眾的聲音，有褒有貶，有死忠粉、腦殘粉，也有無理取鬧的抵毀、謾罵……越是需要自己應對的時候，越是能展現當代明星們的素質和情商。

有些明星處理不當，被攻擊得體無完膚，無奈退出娛樂圈。但也有些明星，因為處理得漂亮，反而化百煉鋼為繞指柔。面對負面評價，處理的手法越高明，越能獲得好感。你們罵我？我自嘲。網友中也好多性情中人，一看你自嘲，覺得你彷彿意識到了自己的不足，認為你也蠻可愛的，有些甚至半路轉粉。

子彈飛來拿盾牌擋回去，對方若是鐵板，便又彈了回來，只得再次舉起盾牌……若子彈飛來，你舉的是超級厚的海綿呢？子彈被吸收，在最終擊中你之前，已經被海綿阻力耗盡了動能。俗語說伸手不打笑臉人，就是這個意思。

群眾的眼睛是雪亮的，在互聯網時代成長起來的九〇後、〇〇後更是不好糊弄。對於負面新聞，虛情假意，洋溢著小聰明的危機公關，他們並不會買帳，直面錯誤才是好的策略。危機公關的本質是大眾情緒管理。只有誠懇認錯，共情地去體會受眾的情緒，展現出切實的改進方式，才能讓大家明白正確的價值觀。那麼，大家或許能釋懷，放心地原諒你，給予改過的機會。

拜娃娃臉所賜，我至今還能被一些陌生人誤以為是學生，也便厚著臉皮占此便宜，加上不以為恥的少女心，硬是要湊上「小仙女」的風潮。如今離開舒適圈創業，那麼，小仙女和CEO可不可以是同一個人？

林徽因說：「溫柔要有，但不是妥協，我們要在安靜中不慌不忙地堅強。」看到這句話的時候，我正巧在日內瓦的一座高台上，路人告訴我這個高台以前是給女王的。女性優勢是化百煉鋼為繞指柔，我們可以溫柔而強勢地成為生活的女王。對此，我自身也有很大的改進空間。作為政大上海校友會理事，我對校友會的Cindy會長著實欽佩，幾年共事和數十場活動的共同籌備下來，我覺得她就是我喜歡的女人樣子，溫溫柔柔卻能四兩撥千斤地號召大家把一個個任務漂亮地完成。

有一張圖讓我印象深刻，弱小的唐僧騎著白龍馬，身後是巨型的暗黑系畫風的三位徒弟。我非常喜歡這種感覺，用最輕描淡寫的方式將牛鬼蛇神收於麾下，一路守護自己去取經。

職場中，我屬於溫和而強勢的那一類管理者。在前一家公司的時候，部門的同事評價我是她見過的最溫柔的主管，我不敢說自己溫柔，但在台灣待了幾年後，確實變得柔軟很多。

最近，網上流傳著一些很火的派系特色：

佛系：都行，可以，沒關係；

儒系：稍等，抱歉，對不起；

法系：免談，不見，按規矩；

道系：閉嘴，滾蛋，你傻瓜；

剛看到的時候，我感覺這些特別符合創業者的心理變化。創業，就是昨天還覺得「看來我還是回企業上班吧」，今天就「感覺我要發財了」。雖是玩笑話，但創業途中有時風景差得確實能讓人白眼翻到後腦去，罵都不知從何罵起，哭都哭不出來，個中酸甜苦辣只有自己體會，要在風風火火開疆闢土的同時，保持平和的心性相當不易。在打怪中修煉，升級成精再打怪，又修煉到更高層，最後取得真經，終於達到儒為表、佛為心、道為骨的境界。當然這裡的儒佛道，指的是其真正的含義，並非上述的趣味派系。

挫折：
做最壞的打算，盡最大的努力

小時候我們常聽到大人們說小孩子真幸福，沒有煩惱。那時的我們會想大人們才幸福，不用寫作業，不用考試。

成長的煩惱以不同的形狀和深淺進入人生的各個階段，到了三十歲，真切地感受到煩惱本身，才覺得小時候的煩惱大多是自己想像出來的，就跟棉花糖一樣，嘗過以後化在嘴裡還有點甜。如今，終於體會到辛棄疾這首詞的意味，少年不識愁滋味，愛上層樓。愛上層樓。為賦新詞強說愁。而今識盡愁滋味，欲說還休。欲說還休。卻道天涼好個秋。

成年人的世界煩惱複雜很多，只能撐過去。有朋友在離不掉的婚姻中掙扎，有朋友創業失敗淨身出局，還身負幾十萬元的債務，有朋友在企業身居高位，操勞心累，背著房貸，每天省吃儉用……長大真的沒有想像中那麼酷。更苦的是而立之年依然沒有獨立的人們。

很多自我感覺良好患者，一方面去不了好的大公司，就算在大公司裡，良好的自我感覺也會使他們不甘於在大公司基層工作卻又不精進，最後只能離開。另一方面創業公司需要十足精幹的團隊，他們又不具備創業精神。

上班族有上班族的煩惱，例如能不能升職，能不能加薪，會不會被炒，老闆器不器重，人緣好不好，距離太遠有沒有補貼，下午有沒有午休和點心……

創業者有創業者的煩惱，如同峭壁上的攀爬者。一篇期刊文章中寫成功創業者需要具備的條件，包括個性特徵、個人能力以及商業智慧。其中個性心理特徵（自信樂觀、理性冒險、富有激情、開放心態、高成就需要）是創業成功的內驅力，而能力（經營能力、管理能力、決策能力、交際與溝通能力、學習能力、團隊組建及管理能力）和商業智慧（商業眼光、產業把握能力、個人魅力）是創業成功的外延保障，它們就像穩定的鐵三角，共同構成創業者成功的必需條件，三者缺一不可，互相影響。

我曾觀察過四位成功的女性創業者，她們的個人特質幾乎都符合了創業成功者個人特徵所需的自信樂觀、理性冒險，從她們每天在微博上的自我宣傳來看，她們都富有熱情。在創業發展及與各方互動等方面，也秉持開放心態，不狹隘。當然，無論從她們的表達還是行為來看，她們都不甘於老老實實當上班族，而需求更高的自我實現平台。

她們具備學習能力，對於缺乏經驗的專案，往往可以看到她們微博上表達目前所面臨的領域是生疏的，但過不了多久，她們會分享給大家她們如何努力並且終於克服困難，還收到不錯的效果。

一個企業或者社群，在如此短的時間內發展如此迅猛，就足以表明創始人的經營能力、管理能力、決策能力和團隊組建能力。這些創業者有的上過電視，有的被媒體採訪，能在整個創業路上搜羅大量人脈，說明她們的交際與溝通能力也絕對不差。論商業眼光，能夠在風口抓住機會立刻行動，並且迅速擴張，所挑選的產品、服務和發展方向都可圈可點，所以成功創業者所需的商業眼光和產業把握能力，她們也具備。

如果說企業的成功不足以反應創業者的個人魅力的話，那麼社群的成功，則說明創始人具備足夠的個人魅力，才能吸引那麼廣大的粉絲群體，達到集聚效應。不得不說這些創業者還有一個優勢特質，都是美女。她們知道自身的這個優勢，並且在不避諱地善用這個優勢。

「創業初期不能盲目自信，要擁有足夠抵抗風浪的能力與體力，試著去設計所有狀況，包括市場大小、潛力、需求流量的強度、密度及廣度，投趨勢而非投機會，洞察目標客戶行為，再檢視盈利模式等，具備這些特質，自然能吸引投資人注意。」在一次講座中，一位具備豐富實戰經驗的商學院教授如是說。

通才為大，專家次之。創業 CEO 多是通才，幾乎什麼都要懂，什麼都要會。分享一件親身經歷的事。有一個叫 Todd 的人來找我，想合開一間旅行主題咖啡館，說得煞有介事，畫了一張藍圖，說要打造主題連鎖咖啡館。也有消息說他另外的一家公司拿了某著名上市公司老總的個人投資。咖啡館的場地是在當地某一領域頗有分量的 Derrick 推薦的，場地主人 Edward 允許我們免費使用。我們只需要裝修成都市女性旅遊愛好者喜歡的風格，並且購買咖啡和簡餐設備，聘人運營即可。

他分別找了我和與他認識八年的國際集團的高管 Kent 投資運營。又找了他認識十幾年的兄弟 Oscar 和 Rock 分別負責裝修和設備採購。

大家並非全是因為他而答應參與的，而是因為聽他說明了計劃裡有哪些合夥人，覺得背景都不錯，才紛紛加入。各方互相不認識，資訊不對稱，卻又在某種程度上為這個項目背了書，聽著組局人的安排，歡天喜地一起開始籌備這個咖啡館，並有了美妙的期待。

直到有一天，早上八點我被 Edward 打電話叫去了他辦公室，一見面便問我：「Todd 是什麼情況？聽說在海南做倒閉了一家公司，虧了合夥人兩千多萬，拖欠員工和供應商工資。」我因這一問而皺起眉頭，他接著說：「這就是為什麼合同至今押在我這裡，不敢跟他簽，知道嗎？我對此雖早有耳聞，奈何裝修已經開始，若是沒瞭解清楚，貿然終止，恐怕不妥當。所以叫你過來問問，你是他合夥人，你知道到底是什麼情況？」

當時的我已經涉入其中，若是突然被中止計劃無疑是損失。雖然之前我也聽過一些傳聞，但從和 Todd 的直接接觸看來，除了覺得他比較浮誇以及沒有經濟實力之外，倒也不至於十惡不赦。這個咖啡館還是可以開的，後期好好運營，打造成網紅店，Edward 還是能享受到不錯的分潤。

於是我便向 Edward 保證，我們真心想做好這門生意，況且 Todd 以前就和股東們達成了共識，不會插手運營，所以他大可放心。其實當時的情況下，合約早晚都要簽，Edward 早已騎虎難下。本來以為接手的只有 Todd，他頗為擔憂，後來見了我，當面聊了兩次，確定我也加入，算是安心了一些，很快便把合同簽了。

過了一個月，我接到 Oscar 公司總經理的電話，詢問裝修已經完成過半，為什麼還不簽約匯款。我在電話這端又皺了皺眉說：「知道了，我問問。」隨即掛了電話。現在有兩套說辭，那位總經理說只收到了十分之一的款項，但 Todd 一口咬定付了二分之一，並且說和 Oscar 有另外的約定。於是裝修幾乎停擺，我不認識 Oscar，況且 Todd 和 Oscar 是認識十幾年的兄弟，我能做的只有兩邊催，但兩方都不動，計劃陷入僵局。

我不方便找任何人，因為不知道他們是不是都是一起的，也許就是為了吞掉我的投資款。巧的是，隔了一週，Kent 正好一時興起來咖啡館，我把他留住，在確認沒問題後就跟他說明了情況。他也瞬間皺起眉頭，我們兩個面面相覷，開始思索當前的局面。

在 Kent 的壓力之下，Todd 出面懇求 Oscar 繼續進度，別停著讓他難堪。那時我們已經認定，Todd 沒有把我們的投資款付給 Oscar。可是，Todd 解釋說有另外簽保證書給 Oscar，我們不認識 Oscar，無法求證。所以當時咖啡廳裝修的停頓到底是 Todd 的問題還是 Oscar 的問題還不得而知。

Todd 的各項說辭被一次又一次地印證不實，我和 Kent 非常失望。失望在於信任被肆意踐踏，也在於 Todd 對我們睜著眼睛說瞎話時，亦是侮辱了我們的智商。

接著 Edward 帶我去找 Derrick，質問他推薦的是什麼人，Derrick 覺得一切都是由他引薦不謹慎而起，而且可能會造成我們的損失，表示抱歉。

在和 Todd 溝通的兩個月裡，對於我緊追進度，讓他透不過氣，他對我十分不滿，又覺得我知道得太多，想把我排擠出去。過程中還發生了幾件驚心動魄的事，所幸在失眠了幾個晚上想到突破困局的方法後，安然度過，這裡不一一描述。

我們說，一切要以發展的眼光看待問題。兩個月可以發生很多事，如一個人會因為他的不可靠失去他親手組起的局。Todd 沒有明白，在大家一次又一次給機會、一次又一次留餘地以後，他的不誠實讓他徹底失去了人心。

後來我終於見到了 Oscar，明白了他們的真實關係，也知道了保證書根本就不存在。大家終於忍無可忍，提出上訴。在官司和負債面前，Todd 選擇退出，我們贏回了一個清清爽爽的計劃。

故事至此結束，而現實的精彩程度堪比小說。Todd 剛認識我的時候，還特別引以為傲地說他高中開始就工作了，當時有九家公司……相較而言，我們另外幾位就純樸多了，Derrick 香港中文大學畢業；Kent 南開大學本科，在英國讀的碩士；還有我，就不贅述了。早些年，不規矩的人可能會出頭，但現在這個時代變了，正規軍擁有強大的校友資源、人脈關係，以及法律、財務、商業知識，對於不規矩的人，大家唯恐避之不及，這樣的人早晚會為自己的做為付出代價。

對於前文提到的關於學歷的觀點，看完這個故事，大家是不是更有體悟？高中輟學到處串資源，開九家公司最後都以爛尾收場的 Todd，連基本財務、法律、公司治理等概念都相當薄弱，和其他學歷、經歷都堪稱優質的創業者相比，投資人會選擇誰一目了然。儘管確實存在學歷、經歷不佳但創業成功的個例，但投資人會想冒險嗎？我接觸過幾位學歷、經歷並不出色的年輕創業者，他們之中有拿到著名天使投資的，有年營收過億的……各有各的風光，卻彷彿有同樣的面貌：公司內部管理混亂，看似忙忙碌碌，合作方卻總是找不到他們，溝通沒有閉環……後來終於因沒有新一輪融資進入而瀕臨破產。

商場如戰場，一不小心跌進懸崖的可能就是你。當你遇到形形色色的人，遭遇各種各樣的事時，要沉著冷靜，想到最壞的情況，但要拼死找一條生路。我當時想的是，就算虧掉了錢，但經歷這個過程，結識了那些優質的同盟，也花錢買了經驗和教訓，拉長時間軸看，也未必是吃虧。

事後我對 Kent 說：「我們被餵了半年的爛蘋果，突然對方把爛的一面切掉，我們竟然覺得開心，但明明我們本來可以吃上好蘋果的。這個計劃本來因為 Todd 會造成虧損，浪費了我的時間和精力。但是通過這個專案，認識可靠的資源，反而有了意外收穫。接下來這個計劃我們要好好經營，一起在這個初次合作的專案中賺到錢，反虧為贏，加上與好的合夥人結盟，這樣才划算。」

有人想不勞而獲，有人想別人栽樹他乘涼。我想問的是憑什麼想得那麼美？一位潮牌咖啡店的老闆預約來參觀我的 IP 孵化園，還沒到就抱怨楊浦區不在市中心，又抱怨這一帶屬於老城區。然後擺出一副屈就的姿態說：「我可以把咖啡廳開到你們園區，但是我只出 IP 形象，其他的諸如裝修、設備、技師、服務員等，你們負責。」我一聽，誇讚了幾句：「你們的 IP 形象是挺好的，不過前兩天已經有人預訂了商鋪，不好意思。」然後掛掉電話，心想那麼沒名氣的IP，讓你來IP孵化園開分店，有我們多方力量幫著宣傳，而且有那麼優惠的租金條件，誠意相邀卻請來一尊菩薩，不如作罷。

把壞人推向深淵最好的方式，就是餵他吃糖。對那些不懂事的人，罵他有用嗎？罵他能讓他清醒嗎？他不但醒不了，還會記恨你鎮。況且，你怎麼知道睡著的是他呢？也許糊塗的是你自己。若真是他不清醒、劣跡斑斑，你就誇他，讓他沉淪。

有朋友問：「你那麼愛誇人，優秀的也誇，壞的也誇，有什麼區別？」**對優秀的人誠心讚賞，惜才是吸力，心理和行為上是更加靠近的。對壞人，因為你指出他的劣可能會被記恨，所以敷衍地誇，然後保持距離或默默遠離。行為才反應真實內心，而非語言！**

格局：

想當將軍，就別用小兵思維

你是將軍還是兵？你是老闆思維還是員工思維？

老闆思維是：遇到問題不要說廢話，只要想怎麼解決。

員工思維是：出了問題？不完全是我造成的，因為……

老闆思維是：你要跟我說什麼？請你邏輯清晰，表達清楚。

員工思維是：我要跟你說，關於這件事為什麼你要求我那樣處理呢，那不應該是我的職責範圍啊……繞啊繞，這個問題還沒理清楚，又不想顯笨，就扯到其他事情上去……

思路清晰的人不會被繞進去，能被繞進去的人思路不清晰。思路清晰的人才能當好老闆，思維亂得把自己都繞進去的人本身進步空間就有限。

思路決定出路。老闆永遠在思考如何解決問題，如何在供應鏈上降低成本，如何在價值鏈上創造更多價值。員工則更多在思考，這個問題應該是誰的職責、誰去做、怎麼做、不該我做、我不會、做不好要擔責任……

一個朋友之前來諮詢我一個問題：「我想換辦公室，之前已經從陸家嘴搬到了靜安區，這次搬，你給我推薦一個地方。我主要想知道員工們會希望在什麼地方辦公。」

我笑著回：「員工們希望事少錢多離家近。最好上下班走路能到。辦公樓還得豪華……」

以前在企業工作的時候，我常為怎樣才能在極少的預算下調動資源把品牌打出去傷腦筋，專注於這個目標，可能會忘了下班時間，也經常在晚上睡覺前還止不住大腦高速運轉。思考方案，也會因和工程師出身的老闆關於品牌推廣意見相左而據理力爭。比如老闆說我的想法天馬行空，我會說不是天馬行空。推廣的本質是品牌加產品；推廣的目的最首要是被看到，然後被接受。如果一定要說天馬行空，那麼天馬行空只是推廣的形式及手段。這部分常會有人不理解，但只要永遠記著現在的目的就是要「被看到」。不管什麼手段，就是要你看到我（的品牌和產品）。

互聯網傳播都在說內容為王。內容為王不是指有內容就好，而是做好內容。再有內涵的女人，如果不夠漂亮、不夠有趣、不夠有特色，也沒人有耐心在這個速食時代好好閱讀你的內涵。辛苦修煉的內涵沒人看，可能只有幾個親朋好友懂你，產品只有公司的一批人在朋友圈轉發，傳播範圍有限，便難以收到效果。要脫穎而出，就要抓緊機會提升內涵的顏值。

我也看到過很多同事上班時間打遊戲，一看到主管靠近，就切換螢幕視窗。我對一位友人說起：「有些人是老闆在和不在二個樣，作風跟小學生差不多。」友人隨口一句：「大部分人都這樣吧。」我答：「我就不是這樣。」他說：「那你何必？」我說：「這就是為什麼我現在自己當了老闆。」友人突然明白了，點了點頭。

每到離職高峰期，又到了不安分的草莓族受不了現在的工作想換公司的時候了。對於離職這種行為，家長們或許也會加入苛責的行列，認為現在的年輕人動不動就換工作，太沒定性。我倒不這麼認為。

離職跳槽大致分為兩種情況，一是被動，二是主動。被動可能是指在公司待不下去了被辭退，也可能是指對現有的工作厭倦和無力而辭職。而主動指的是按照自己的職業生涯規劃，想突破、想轉折、想找機會更進一步。

假如是前者當然不太可取，若是經常被動走的人，應該審視一下自己，分析到底是什麼原因造成自己每份工作都做不長。本書前文說過貓頭鷹的寓言，在這裡也適用。凡事不從自己身上找原因，總覺得是公司虧待自己，像寓言中的貓頭鷹一樣，寧願搬家也不改變自己的叫聲。我遇到過不少貓頭鷹，在一家公司不想投入心力工作，卻想著升職加薪，於是總感覺自己懷才不遇，跳槽跳得在整個圈子裡名聲都臭了。

但若是主動離職的，我是鼓勵的。人不可能一份工作做到底，過去的工作如果讓你已經快忘記了人生的意義，那轉個彎也許會有不同的風景。有人問現在有另一條路放在我面前，我該走原來這條路還是去另外一條？此時我會回答，你現在走著的這條路通向何方能夠預想得到，而另一條路會發生什麼你很難預計。所以在現在這條路上想另一條路上會發生什麼，是沒有切實感悟的，何不走一走那條路呢，也許會有意想不到的收穫，若是走過以後發現那條路不適合自己，可以再回來，人生何其短，有體驗的機會何不去嘗試呢？

我曾接手過一個創業團隊，其中原本的負責人是一位比我年齡大，個性剛毅的男生，但學歷、經歷和能力稱不上優秀。第一次見面，他自信滿滿地跟我說：「我不加班的」。雖然後來他逐漸適應了創業的狀態，也有心做事，但思維還是難以跨越過去的模式，畢竟這個模式已經跟隨他近四十年了，加上沒有受過好的專業培訓和訓練，邏輯常常出現漏洞，做事虎頭蛇尾。大男人的執拗，對過去經驗的固執，對於他人意見與建議條件反射般地抗拒……每次他開始出現負面情緒和抵觸情緒，我都要幫他順一遍思路。我帶得十分辛苦，但鑒於相識也是緣分，並且他有心改變，便屢屢給機會，甚至在一次他因疏忽造成較大損失後，我給他發了微信：

首先，我沒把你當作打工的人，所以自然不會用基層員工的要求對你。在什麼位置，就要有什麼能力，扛什麼責任。

其次，無論是我願意通過自己的關係給你一部車開，讓你辦公便捷還是送你去交大、復旦進修，除了學習之外，還能認識那邊的同學，這些機會不是沒有成本的，花費的是公司的時間和我的資源，卻省掉你自己多大的一筆 MBA 進修費用？

再次，我是在培養你創業者、管理者的素質，而且你不用擔什麼風險。這樣的機會給你，請別再讓我失望。你要改的第一件事就是要彎下腰去，真正做到謙虛，細心去四處求教，不斷快速地掌握方法論，融為自己的知識和本事，漂亮地把事情處理好。不要每次跟你說完，都是短暫地躊躇滿志，然後又回到老樣子。

改變的真正原動力在於，真的覺得自己有很多不足和進步的空間，並實際到位地改善。比如你覺得你的時間規劃能力不足，就把要做的事都列出來，然後決定哪些事情先做、哪些事情後做、哪些事情可以同步做，不要誤事。你改進的阻力在於沒明白事情內在真正的邏輯，所以只改表面不改根本。如果我像你對我一樣對待我那些良師益友，那我就根本成不了他們賞識的人。集聚人脈根本就不是認識人那麼簡單。

「我做了哪些事，沒有功勞也有苦勞」的思路，是打工仔思路。你應該想「如果這件事，我和主管的認知程度一樣，同一時間開始瞭解並著手去做，我能不能處理得比他好」。若是你能，我放手讓你管。這才是一個對自己有進步要求的人的思路。因為後者是價值論。

有一次，關於「計程車司機每個月能掙幾萬」的話題在辦公室引發一場討論，我正好經過，聽到一位同事說：「那我還是去開快車好了」。這似乎是句說給我聽的玩笑話，我當時想多少能力、多少付出，就收穫多少回報。賺錢的機會多的是，問題是你賺得了嗎？例如你怎麼忘記了自己根本不會開車？但我也只是當作玩笑話來聽，之後笑著假裝什麼事都沒發生，走回了辦公室。

在執行那個專案的過程中，我有單獨找他們溝通，分析利弊，給出期待，告訴員工遇到一些想不通的問題，在負面情緒跑出來之前，歡迎來找我解惑。不要和同事們去議論一些妄想出來的原因，對事情產生錯誤的理解，加深自己的負面情緒。當瞭解真實情況，會發現生氣不但完全沒有必要，而且生氣的時間也影響了工作態度和效率。

我鼓勵他們與其他優秀的人去探討和請教處事方式，而不要幾個人聚在一起邊爆粗口邊用自己的高度去揣測莫須有的事情，要不然辦公室就真的成了菜市場，跳不出的狹窄圈子。

很多人總是在思考一些雞毛蒜皮的事，這裡需要注意雞毛蒜皮和細節不同，細節是對事態有影響的事，雖然微小但不能被忽略。所以細節很重要，但雞毛蒜皮卻無關緊要。

《巴黎吧哩》有一期的話題是「老闆傻要不要告訴他」，最後的結論，我們總結老外們的見解，首先搞清楚是自己傻還是老闆傻，因為可能是你沒有領會老闆的角度，他沒把做事的邏輯解釋給你聽，你理解不到位，所以傻的可能是你自己。若真的遇到了傻老闆，你就找機會告訴他，他若能理解便皆大歡喜，若不能，你要不就好好工作，不然就離職。

企業在不同階段有不同的管理和人才需求。上海交大一位擁有二十六年工作經驗、九年 CEO 經驗的 EMBA 教授引用李嘉誠的話，他將工作夥伴從基層至頂層分為三種：種子業務、增長業務、核心業務。種子業務唯才是舉，要有能力、績效要好；增長業務用有野心、企圖心的人；核心業務需要具有智慧、價值觀一致的人，這樣的人需德才兼備。

為了在價值觀與業績中取得平衡，教授提到他的企業文化有明規則，也有潛規則。明規則是看得到的業績、人氣及人脈；潛規則重視員工的基本功，包含了穿衣要到位、有一定的文書能力、英文能力、氣度格局、知識學問等，同時要有好的體力。

老闆只希望大家幫他解決問題，而不是製造問題。所以本質上就事論事，並不會因人而偏袒那些不利於公司發展與事情解決的選項。

老闆也不太會接受公司裡只有一股勢力，要有也只能是老闆自己的勢力。他需要不同勢力間的牽制平衡，而不希望某一勢力一方獨大。所以，不要妄想老闆靠邊站。

關於人才，團隊裡需要不同類型的人，多元文化能夠讓思路更寬闊，發掘更令人驚喜的解決方案。所以若已經在一個團隊，都是經過挑選的優秀人才，就要發揮每個人擅長的方面，讓他們各展所長。意見相左是很正常的，每一場頭腦風暴都是一筆思維碰撞的財富。所謂談笑有鴻儒，往來無白丁，所以少聊些八卦是非，認真做事。

心態：這世界是你和自己的一場遊戲

最終這個世界就是你和自己的一場遊戲，這句話是我的學姐 Sylvan 說的。她對我而言，某種程度上是先行者。她比我大七歲，學歷、經歷都很漂亮，現在就讀政大商科博士，有過一段短暫的婚姻，事業有成，目前是單身貴族。別人的忠告我可能會將信將疑，但她的建議，我總是會認真地在心裡消化。

她勸我在三十五歲之前，一定要把自己嫁出去，年齡越大越難以結婚，因為中國的父母還是傳統的居多，除非男生夠愛你，不然男生父母可能會介意大齡、離異等情況。雖然我圈子裡人的觀念開明很多，未來九〇後、〇〇後主導的社會觀念也會開明很多，但我若喜歡大叔型的話，不得不承認大叔們的父母應該就是學姐口中的樣子。觀念不同，對他們、對我都是委屈。當然基於對我的瞭解，學姐始終認為我的成功率是很高的。她覺得我的風格太獨特，喜歡我的人會非常喜歡，因為具有獨特性。

我的時間緊迫感並非來自於對自己魅力的擔憂，我只是希望自己不至於成為太高齡的產婦。所以，我其實並不焦慮，雖然老是調皮地宣稱自己今年要脫單。很多東西是藏不住的，比如發自內心的笑、眼神裡的希望。我的心裡就有希望，也總能接收到希望。比如前兩天，有位中歐商學院的朋友給我留言：「我的兩個女性朋友，都四十多歲了，突然找到另一半，現在幸福得簡直讓人嫉妒。一個是特別強勢的女人，居然遇上一個就喜歡她這種類型的西班牙男人，現在生活得非常浪漫。另一個也是女強人，現在定居新加坡，兩個人滿世界跑，吃好吃的，她胖了不少，可是老公完全不在意，繼續一起旅行各地找好吃的。」

關於現實中的男女選擇生活狀態，Sylvan 學姐是這樣認為的，很多人只看表象，比如為什麼優秀的女生單身的那麼多。一切其實就是「自我滿足」和「自我實現的界限」的課題。女生結婚，相當於把精力分了一部分給老公，一部分給小孩。如果選擇單身，她的時間和精力即完整地給了事業，所有的腦細胞都在學習和追求事業發展，所以，她的成長速度是很快的。這就是為什麼單身的優質女生會跑得越來越快，越到後面見識越多，眼光越高，普通男人已經入不了眼了。而男生，無論結婚還是單身，他對事業的投入程度，相較於女生來說變化是不大的，所以，他的發展速度在單身時就可以看出來，結婚、離婚，並不會引發太大的加速度。

有兩位男企業家朋友問我為什麼那麼多優質的女生都單身？我發現一個現象，如果把男女都分成A、B、C、D四檔的話，規律往往是A男配B女，B男配C女，C男配D女，然後A女和D男就剩下來了。我覺得這就是「男女能力已勢均力敵」的現狀和「最佳男女關係仍應男強女弱」觀念的矛盾。

要知道，現代女性很是出色，以創投圈為例，馬雲說：「互聯網經濟是體驗經濟，女性在體驗經濟中有天生的直覺。互聯網給了那些自立、自愛、自強、自信的新女性一個機會，追尋自己想要的夢想。」他還對女性創業者表示敬意：「談起女性，我們往往會想到愛、溫柔、善良、美麗等美好的詞彙，但同時與女性的美好相對應的，還有忍耐、堅持、承受以及默默的奉獻和犧牲。我們往往關注了女性的外在，而忽略了女性的創造和貢獻。世界因為女性而美好，世界因為女性而成為世界。」

時代確實在發生變化，這不只體現在從 IT 時代走向 DT 時代。更有趣的現象是，當我的畢業論文確定了以女性創業為主題時，竟發現能找到的關於女性創業的書如此稀少。大多數的書，都與創業有關，而大多數的創業案例，都來自男性。書為沉澱下來的經驗與智慧，說明沉澱下來的經驗與智慧還來不及反應時代的急速變遷。

波士頓諮詢公司二〇一四年的資料顯示，二〇一二年美國女性創業者占其十八至六十四歲人口比例的10%，而中國女性在創業方面較之其他國家女性有著更加突出的表現，中國女性創業者所占比達到了11%，與美國相當，相較於法國、德國、俄羅斯等歐洲國家的女性，更具創業精神。

另外，關於大叔們選擇小女生的問題，Sylvan 學姐也有見地：「小有成就的單身大叔會傾向於找好掌控的小女生，但他們不懂女生，年輕女孩們那時還什麼都不太懂，對他們是仰視的。但當她們長到三十歲，可能突然就醒悟了。然後只有兩個結果，負責任一點的，割捨掉內心的欲望留下來陪著你。忠於自我的，可能就離開了。如此大叔們的結局也並不好。所以真正有實力的大叔不會這麼選，如果這麼選，他們就要保持一直讓女生仰視的速度成長。」

這就是「自我滿足」和「自我實現的界限」。當下的狀態無法自我滿足時，人們就會去尋求自我實現，自我實現的第一步，就是打破原來的狀態到達新的邊界，獲得新的滿足。

現實有許多無奈，生活處處充滿課題，每個人都只能靠自己去體驗、學習和領悟。比如單身的人，在期待到底哪個轉角能遇到愛，每個月刷著星座看戀愛運勢。渴求事業順利的人，在辦公室放上一棵發財樹……未來不可知，有人在等待，有人在焦慮，有人則充滿希望。氣定神閑，意念導引能量，積極的自我心理暗示太重要了。

我高中的時候有個同學，平時成績大概在班裡排七、八名的樣子。有一次期末考試，竟考了全班第二，原本數學試卷中經常空白的大題，那次正好是他之前做過的，原本英文試卷中的最弱項的填空居然也對了八成，更難得的是語文作文還得到了不低的分數。從那以後，他就一直暗示自己的好運已經到來，於是奇跡發生了，他越複習越覺得容易，高考前期的幾次模擬考都穩居前三。高考時，他距填報的第一志願復旦大學的分數線差二十分，幸運的是他在高三時評上市三好學生，恰巧可以加二十分；進了大學，他又因為其他加分政策加了十分，進入自己所喜歡的科系。

有個少年成名的作家在一次演講中說：「如果我的小孩能夠讓他選擇，過正常孩子的生活或是像我一樣少年成名，我希望會是後者，儘管我很不好意思自己少年成名佔用了太多媒體版面和社會資源。但正是因為我從那麼小開始就被幾乎所有人認為有寫作才華，這無疑讓我自己也堅信了這一點，覺得自己可以一直寫下去。別人常問我寫作是天賦重要還是勤奮重要，我認為天賦雖然重要，但對天賦的信念更重要。所以，我希望我的小孩也能如此幸運，獲得如此信念。」

我認識一位女生，相比前面說到的高中同學，她簡直像個倒楣鬼。知名大學畢業，能力不是沒有，道理也不是不懂，可找工作卻時時受挫。畢業三個月後才找到人生第一個工作，接著一年內被三家公司辭退，辭退的理由並不是她犯了什麼錯誤，但具體什麼原因她也不明白。對於她的留言，我回覆：「親愛的，你是值得更好的女生，不要受庸俗和狹隘蠱惑。人的氣場是個很奇妙的東西，心態好、心態正，氣才會聚，那麼運也會亨通。反之則氣散，運也不會到。用坦然的心態去面對生命中的起落，你會成功的。」

想想身邊的人，是不是有些人神清氣爽，感覺做什麼都瀟灑得志？而有些人卻灰頭土臉，腦門上印著一個大大的衰字，諸事不順，連喝水都能嗆著？然後，請再看看自己，此時的你，是聚氣的還是洩氣的？氣是個很妙的東西，彷彿有點玄。它有點像是磁場，或者也可以理解為信念。有些人因為看見而相信，而有些人因為相信而看見。這就是人與人之間的區別。

你喜歡一個人，覺得他好。並不是他真的那麼好，而是你覺得。所以正如紮西拉姆多多寫的《你見或者不見我》中的名句：

你見，或者不見我
我就在那裡
不悲不喜
你念，或者不念我
情就在那裡
不來不去
……

所以心態和信念取決於自己，最終這個世界就是你和自己的一場遊戲。能夠在獨處中享受樂趣的人，是不會無聊的。

能夠在嘈雜中保留獨立思考的人，應該是有趣的。擁有思考力，當一個有趣的人本身就有意義。

我是個愛幻想的人，喜歡在散步的小路上，在懶散的午後，在恬靜中讓思想盡情狂奔。身體是靜止的，但思緒萬千。我是一個極需要在一定時間獨處思考的女生，因為什麼都敢想才讓我什麼都敢為。想得夠深刻，才能讓真實的路走得更堅實。就像電影《少年派的奇幻漂流》中，少年派的父親對同時信仰了印度教、基督教和伊斯蘭教的派說：「如果你同時信仰三個宗教，那等於什麼都沒信。」所以，其實目前為止我沒有信仰，這是我的遺憾。我相信科學，但說自己是無神論者好像也不合適。

一位朋友說，星座有價值的地方，就在於能夠挖掘出讓人自信且不斷前進的東西。我覺得星座有意思的地方不只如此。暗戀一個人的時候，每天晚上睡覺前，最開心的事就是搜他的星座，然後花癡地笑；難道他對我只是曖昧嗎？於是陷入糾結，繼續搜這星座的人會喜歡什麼樣類型的女生……

判斷一個人喜不喜歡自己太簡單了，只要他有好事會不會第一時間想到和你分享。而且喜歡一個人根本是藏不住的，因為他可能自己都意識不到他看你的眼神很溫柔，閃著星星。然而，又有多少人寧願翻著星座寶典去琢磨呢？這大概就是愛情。

我比較像喜歡活在自己思想世界裡的瘋子，但又不能接受與世隔絕。舉個例子，我喜歡靜靜地坐在陽台上喝一杯茶，看一本書，但是抬頭必須看到遠處有人。我愛一個人處著，但又不喜歡眼睛能看得到的地方是沒有人煙的。比如我喜歡在一個安靜的咖啡館獨自沉浸在寫作裡，這裡沒人來打擾我，但卻不喜歡一個人閉在房間裡創作。有人說，大隱隱於市，我不敢說自己是大隱，只是我喜歡距離，但又怕被世界遺落的孤寂。

精緻極簡主義的思想狂人，這是我曾用過的個性簽名。去繁留簡，抓住重點，又能在生活中找到樂子，當一個有趣的人。

出發是為了製造旅程，到達由旅程堆疊而成，所有的流逝都是永恆。如果沒有今天，明天怎麼會有昨天。從辦公室視窗看出去，那些忙忙碌碌的人，腳下踩的大概就叫理想吧。很多所謂的佛系少年，其實只是嫌追逐夢想的路途太辛苦和遙遠，心裡其實很焦慮。當真佛系的人，應該是不會看我這本書的。

眼看著團隊裡進來的都是九〇後，個人風格自成一派，臉上滿滿的膠原蛋白都能把我逼得晚上對著鏡子照好幾遍，然後趕緊按摩，對抗地心引力。過去，我一直是圈子裡最小的存在，得意於聽到大家「哇，你那麼年輕」的驚呼，現在，年輕的本錢已經越來越消逝。

九〇後們已經在被催婚，我便不折不扣地成了古董，但又如何？連追尋事業夢想的魚刺都要拔了，面對感情生活，既然過去已有經歷，難道還會允許未來將就嗎？墨子攻說：「我覺得生命生活每時每刻都是半杯水，能看到有半杯的水而滿足的人是快樂的，能看到空半杯而寬容甚至興奮的人是真正幸福的。」

轉念一想，比起很多同齡人，我還能自由地追尋愛情，多好啊。我一直相信，真正具備愛的能力的兩個人，可以在彼此身上喚起某種生命力，雙方都會因喚醒了內心的生命力而充滿快樂。無論一個人多大年紀，什麼背景，什麼個性，什麼星座，多麼死寂，一旦那個人出現，便會復甦。

就像中年男人可以選擇油膩和不油膩，三十歲的女人，也沒必要因少女心羞恥。我欣賞一位明星楊冪，和我同年，光明正大地當著美少女媽媽。年輕貌美，在新時代的今天，不應該侷限於年紀。

見過我本人的都覺得與文字背後犀利的我形象不符。真實生活中的我，尤其是在朋友面前，還有點戲精。之所以綽號叫「小妖女」，就是因為變化多端，捉摸不透。在不同場合，形象差別很大。

懂人，懂事，懂規則。

輕鬆，快樂，有希望。

從容，花香，有暖陽。

要愛，要美，要開掛。

我為什麼而遠行？為什麼去留學？是理解更多文化，習得更多知識，碰撞更多智慧，飽覽更多風景，踏足更廣闊天地，體驗多彩的民風、欣賞類型多樣的建築，回味深遠的歷史，還是借物思人生，借景省心靈？最終還是想回家，那才是歸宿。

就像《小王子》裡說的，如果不去遍歷世界，我們就不知道什麼是精神和情感的寄託，但一旦遍歷了世界，卻發現我們再也無法回到那美好的地方去了。當我們開始尋求，我們就已經失去；但若不開始尋求，根本無法知道自己身邊的一切是如此可貴。

有人說想要活得簡單。其實簡單才是最難的。你可以自由地不見不想見的人，不喝不想喝的酒，過上經過思考、選擇後的自己喜歡的生活。這種歲月靜好，是哪怕哪天你想重回江湖都仍有一片天地，但又可以隨時選擇現世安穩。而不是沒得選，不是要嘛怨人、要嘛怨己、要嘛憋屈地「不得不歲月靜好」。因為後者，其實你知道你不好，躁動的心告訴你，你不好。如果你過著心裡想要的生活，管外界波瀾壯闊，管旁人平靜如水，只要心和生活是匹配的，那便是好。

我的三十歲，柔軟也強大，單純也成熟，蠢萌也知事，領悟了很多也不斷學習著更多。然後，靜默並有氣勢地，既獨立懂事又善用資源地去拼湊我想要的生活，把我憧憬的畫面一一實現。

國家圖書館出版品預行編目 (CIP) 資料

沒有自律，還談什麼夢想：不要讓任何人阻止你追逐夢想，包含你自己 / 童小言著 . -- 初版 .
-- 臺北市：沐光文化，2019.12
面； 公分
ISBN 978-986-98288-1-9(平裝)

1. 自我實現 2. 自律

177.2 108017710

沒有自律還談什麼夢想

不要讓任何人阻止你追逐夢想，包含你自己

作　　者　童小言
封面設計　Bianco
內頁排版　游萬國
總 編 輯　陳毓葳
社　　長　林仁祥
出 版 者　沐光文化股份有限公司
發　　行　沐光文化股份有限公司
台北市大安區安和路 2 段 92 號地下 1 樓
E-MAIL sunlightculture@gmail.com
總 經 銷　大和書報股份有限公司
電話：(02)8990-2588
傳真：(02)2299-7900
新北市五股工業區五工五路 2 號
E-MAIL：liming.daiho@msa.hinet.net
印　　製　呈靖彩藝有限公司　電話：(03)322-7195
定　　價　330 元
初版 1 刷　2019 年 12 月
初版 25 刷　2022 年 6 月